AS GARANTIAS CONSTITUCIONAIS DAS PARTES
nos Juizados Especiais Cíveis Estaduais

S322g   Scheleder, Adriana Fasolo Pilati

As garantias constitucionais das partes nos juizados especiais cíveis estaduais / Adriana Fasolo Pilati Scheleder. – Porto Alegre: Livraria do Advogado Editora, 2009.

142 p.; 23 cm.

ISBN 978-85-7348-613-1

1. Juizado especial cível. 2. Direitos e garantias individuais. 3. Direitos e garantias individuais: Processo civil. 4. Juizado especial cível: Direitos e garantias individuais. I. Título.

CDU – 347.919.3

Índices para catálogo sistemático:

Direitos e garantias individuais : Processo civil   342.7:347.9
Direitos e garantias individuais   342.7
Juizado especial cível   347.919.3

(Bibliotecária responsável: Marta Roberto, CRB-10/652)

Adriana Fasolo Pilati Scheleder

AS GARANTIAS CONSTITUCIONAIS DAS PARTES
nos Juizados Especiais Cíveis Estaduais

Porto Alegre, 2009

© Adriana Fasolo Pilati Scheleder, 2009

Capa, projeto gráfico e diagramação
Livraria do Advogado Editora

Revisão
Rosane Marques Borba

Direitos desta edição reservados por
Livraria do Advogado Editora Ltda.
Rua Riachuelo, 1338
90010-273 Porto Alegre RS
Fone/fax: 0800-51-7522
editora@livrariadoadvogado.com.br
www.doadvogado.com.br

Impresso no Brasil / Printed in Brazil

Para
Luís Martins e Hans

"O direito é sempre processo e só existe e subsiste enquanto processo. Sendo assim, ou é produzido com rigorosa submissão aos princípios básicos de um Estado de direito democrático, em todas a suas dimensões, ou será sempre e unicamente um lobo perfidamente dissimulado sob uma pele de ovelha, vale dizer, um direito produzido autoritariamente por agentes políticos fantasiados de democratas, mas democraticamente deslegitimados".

José Joaquim Calmon de Passos

Prefácio

É sempre uma tarefa difícil prefaciar uma obra. Os motivos são inúmeros. Variam desde a perplexidade da motivação do convite, passando pela necessária leitura da obra, até o ato da escrita em si. Tudo isso requer tempo, algo cada vez mais escasso (ou seria melhor dizer recriado?) em tempos de respostas necessariamente mais céleres a problemas cada vez mais complexos. No meio disso tudo, há a urgência da decisão.

Inseridos nesse contexto, os Juizados Especiais Cíveis Estaduais, figura legislativa advinda da prática forense farroupilha, emergiram no contexto nacional com as promessas de respostas mais rápidas a lides de menor complexidade. Tudo isso para cumprir a necessidade decisória que o Poder Judiciário avocou para si nos liames do Estado Moderno.

No entanto, e isso sempre rondou minhas reflexões a respeito do tema, celeridade e justiça são correlatos? À evidência que Direito e justiça não podem ser tomados como sinônimos, ante sua diferença axiológica. Contudo, meu ponto é: há alguma conexão entre decisões rápidas com prestação jurisdicional constitucionalmente adequada?

Aí reside, em meu ponto de vista, o nó górdio da questão: os Juizados, no intuito de dar uma resposta mais ágil aos processos de seu âmbito de atuação, respeitam as garantias constitucionais processuais, marcos de uma mudança paradigmática estabelecida pela Carta Magna? A pergunta lançada pode levar a duas formas de abordagem para sua análise.

De um lado, o Direito possui uma pretensão de controle temporal bastante narcisística. É por isso que os operadores do Direito se apaixonam por si e por suas teses diariamente. Com isso, esquecem-se do mundo real, aquele no qual uma decisão dada no presente, com base nos dados passados (leis e fatos) realiza uma (re)construção da sociedade. O Direito não está preso em si mesmo. Há uma viragem, uma nova hermenêutica (constitucional). O tempo do Direito, no Brasil, é, portanto, o tempo da Constituição, o futuro do passado brasileiro.

De outra banda, a necessidade de as leis posteriores à Constituição de 1988 passarem por uma filtragem constitucional fica cristalino. Esse é o caso da Lei 9.099/95. Nesse sentido, a celeridade prometida em seus artigos deve obediência ao texto constitucional, tanto por hierarquia quanto por anterioridade.

Com esses dois pressupostos em mente é que me coloquei a ler a obra da Professora Adriana Pilati Scheleder. Pensei encontrar um texto diferente, dogmático como tantos outros que abordam os Juizados Especiais Cíveis. Qual o motivo? O fato de haver encontrado, em minhas andanças nos balcões da nossa "Justiça", poucas obras que pudessem suportar, de forma crítica, por exemplo, a questão do duplo grau de jurisdição nesse órgão.

Não preciso mais procurar. O livro está aqui. Mais. A autora, juntamente com seu trabalho de campo, traz uma nova leitura da problemática delineada. Dessa maneira, o leitor não perderá seu valioso tempo. Nessa linha de raciocínio, Adriana e Livraria do Advogado (como sempre) devem ser parabenizados pela contribuição dada à ciência do Direito.

Imperioso registrar, ainda, um fato. Adriana é professora do Curso de Direito da Universidade de Passo Fundo, local onde coordena as Monografias Jurídicas, um dos grandes orgulhos daquela cinqüentenária faculdade. Por alguma razão até hoje por mim desconhecida, alçou-me à condição de Coordenador-Geral dos Cursos de Direito da UPF, cargo ocupado por mim durante quase quatro anos. Somos colegas. Daí, imagino, a honra a mim delegada de prefaciar seu livro, que, com certeza, mereceria uma apresentação mais convincente e mais bem feita.

No entanto, minha conhecida germanidade (impressa em meu nome) não me impede de dizer que a Professora Adriana é daqueles potenciais raros de se encontrar. Sempre se desincumbiu bem de suas tarefas, provando ser uma administradora nata. Além disso, é docente na essência, preocupada muito mais em aprender do que transmitir. Hoje agrego outra virtude às minhas impressões sobre a Adriana: autora de respeito e com excelente bagagem intelectual. A obra serve de fiança de meu testemunho sobre suas qualidades profissionais.

Por fim, tenho um sentimento de satisfação enorme, pois ao terminar esse prefácio relembro-me de que a tarefa essencial de alguém que ocupa um cargo temporário como o de Coordenador de Curso é o de basicamente dar espaço para todos crescerem, uma vez que dessa maneira seu próprio trabalho será valorizado. Vejo nos espaços ocupados pela Adriana um reflexo de meu humilde trabalho na cidade que me acolheu e na Instituição em que me desenvolvi como professor e a qual serei sempre grato. Fico mais gratificado ainda ao ver que a Professora Adriana desenha, para si, um futuro brilhante cujo presente já é realidade, (re)construindo o tempo à sua própria maneira. Coisa para poucos.

Porto Alegre – RS, Verão de 2009.

Germano Schwartz

Sumário

Introdução 15

1. Direito Constitucional Processual 19

1.1. A supremacia constitucional 25

1.2. Princípios fundamentais (garantias), normas estritas (regras) e valores . . 29

2. As Garantias Constitucionais Processuais 37

2.1. Acesso à justiça 38

2.2. Devido processo legal 46

2.2.1. Princípio do contraditório e da ampla defesa 53

2.2.2. Princípio da isonomia (igualdade) 54

2.2.3. Princípio da publicidade 56

2.2.4. Princípio do duplo grau de jurisdição 56

2.2.5. Princípio do juiz natural 61

2.2.6. Princípio da motivação das decisões 63

2.2.7. Princípio da proibição das provas ilícitas 64

3. Os Juizados Especiais Cíveis e as *Small Claims Courts* na *Common Law* 67

3.1. Finalidades e características estruturais dos Juizados Especiais Cíveis ... 70

3.2. Princípios informadores 74

3.3. As Small Claims Courts americanas 78

4. O (In)Devido Processo Legal na Lei 9.099/95 81

4.1. Da utópica função social dos Juizados Especiais Cíveis: o acesso à justiça . . 82

4.2. Do excesso de informalismo e da ausência do contraditório 85

4.3. Dos juízes leigos e dos conciliadores 88

4.4. O princípio da legalidade, do duplo grau de jurisdição e a obrigatoriedade do procedimento especial do Juizado 95

4.5. Da necessária intervenção do Ministério Público 99

4.6. A assistência jurídica através do atendimento nos balcões 102

5. Pesquisa de Campo 107

5.1. Finalidade e objetivos 108

5.2. Metodologia, localidade e público-alvo 109

5.3. Análise dos dados e resultados 109

5.4.1. Profissionais de direito 110

5.4.2. Usuários do Juizado Especial Cível 112

Conclusão 115

Referências 121

Apêndice A – Questionário para profissionais de direito 129

Apêndice B – Questionário para usuários 131

Apêndice C – Gráficos referentes ao questionário para profissionais de direito . 132

Apêndice D – Gráficos referentes ao questionário para usuários 139

Introdução

Com a promulgação da lei que regula o Juizado Especial Cível, considerada a maior evolução processualística do século XX, acreditava-se que se estaria concretizando o idealizado acesso à justiça e que o cidadão teria a seu alcance uma justiça célere e gratuita. Enfim, o Poder Judiciário estaria ao alcance do povo.

No entanto, com o funcionamento do Juizado Especial Cível, surgiram questionamentos acerca do acesso à justiça, sua conceituação e efetividade processual. A partir de então, originou-se a presente temática: Os Juizados Especiais Cíveis garantem às partes um efetivo acesso à justiça? O procedimento previsto para tais órgãos cumpre o devido processo legal? Qual a abrangência e a efetividade dos princípios constitucionais processuais – acesso à justiça e devido processo legal – diante do procedimento especial dos Juizados Especiais Cíveis? Assim, através de uma abordagem dialética, analisam-se os principais e mais relevantes princípios constitucionais processuais perante o procedimento especial dos Juizados Especiais Cíveis estaduais.

O presente estudo, inserido na área do direito processual constitucional, como modernamente é conhecido, parte da constitucionalização do processo civil, ou seja, do estudo do direito processual a partir do ordenamento constitucional, pois as previsões constitucionais, hierarquicamente superiores, conferem unidade ao sistema jurídico. É o direito processual, como instrumento, que deve assegurar o exercício regular das funções do Estado e conferir efetividade às garantias constitucionais, eleitas democraticamente.

Seguindo essa evolução do direito processual, inicialmente, através de concepções doutrinárias, trata-se da supremacia constitucional, da superioridade dos princípios constitucionais sobre as normas infraconstitucionais; analisam-se a constitucionalização do direito processual, o binômio processo-constituição e sua evolução.

Em seguida, no segundo capítulo, conceituam-se as garantias constitucionais processuais; determina-se o exato sentido que se depreende da interpretação do princípio constitucional do acesso à justiça e do devido processo legal e, respectivamente, a otimização desses princípios no sistema jurídico brasileiro através dos postulados da proporcionalidade e da razoabilidade; demonstra-se, também, que só será possível uma plena compreensão dos princípios constitucionais quando forem inter-relacionados.

Após, discorre-se sobre a Lei 9.099/95, aludindo a sua função social, aos seus objetivos e princípios informadores, em especial aos princípios da simplicidade, da oralidade, da informalidade, da celeridade e da economia processual. Nesse tópico, faz-se, ainda, uma comparação entre a Lei dos Juizados brasileiros e a realidade das *small claims courts* no sistema da *common law*; comenta-se sobre a possibilidade, ou não, da aplicação dessas cortes no sistema jurídico brasileiro.

No capítulo quarto, inserindo-se na problemática apresentada e partindo-se da revisão conceitual dos tópicos anteriores, trata-se diretamente das garantias constitucionais processuais inseridas no procedimento especial dos Juizados; faz-se uma interpretação sistemática da lei que regula os Juizados Especiais Cíveis, verificando-se a efetividade do devido processo legal e de seus subprincípios; averigua-se se a Lei 9.099/95 está de acordo com os ditames de nível constitucional, relacionando-os diretamente com o procedimento especial previsto para tal órgão.

Por fim, no quinto capítulo, a partir de constatações empíricas, o que permite uma interação entre o mundo dos fatos com o mundo do Direito, faz-se uma pesquisa de campo qualitativa nas comarcas de Passo Fundo e Carazinho, com o fim de se averiguar o nível de conhecimento sobre as garantias constitucionais processuais, bem como o grau de satisfação dos Juizados Especiais Cíveis, tanto pelos profissionais como pelos próprios usuários desse órgão jurisdicional.

O presente estudo é conduzido com a preocupação central em determinar se há na lei que regula os Juizados Especiais Cíveis aspectos inconstitucionais. O raciocínio, conforme já explicitado, parte das garantias constitucionais processuais e é conduzido através de uma interpretação sistemática do direito – hierarquizando-se princípios, normas e valores – para se chegar a uma análise constitucional dos Juizados Especiais Cíveis. O objetivo, além de demonstrar e verificar a necessidade da associação entre a teoria constitucional à prática processual, é o de adaptar constitucionalmente o procedimento especial desses Juizados, extraindo-se dados da própria experiência prática pessoal através de uma coerência doutrinária e metodológica a que se propõe. É com esse intuito que se endereça a pesquisa que se passa agora a apresentar.

1. Direito Constitucional Processual[1]

Foi com a Constituição de 1988 que se marcou o campo do moderno Direito Processual Civil brasileiro. Nenhuma das cartas políticas anteriores havia traduzido igual preocupação com as ga-

---

[1] Existe, na doutrina, vasta divergência conceitual em torno das expressões "direito constitucional processual" e "direito processual constitucional". Por um lado, significam as normas constitucionais que visam à garantia processual da própria constituição e, por outro, de garantias constitucionais em relação ao processo. José de Albuquerque Rocha observa que "a) os que usam a expressão 'direito constitucional processual' fazem-no por entenderem ser esta disciplina constituída de normas constitucionais que consagram princípios processuais. O direito constitucional processual é assim um conjunto de normas constitucionais fixadoras de princípios sobre o processo; b) por sua vez, os que optam pela expressão 'direito processual constitucional" fazem-no por entenderem o mesmo constituído de normas processuais embutidas na Constituição. O direito processual constitucional é assim composto substancialmente de normas de natureza processual, embora formalmente inseridas na Lei Fundamental" (2001, p. 57). Entretanto, Ivo Dantas, ao comentar os ensinamentos de Marcelo Andrade Cattoni de Oliveira (texto enviado por e-mail ao referido autor), escreve que "não se pode levar tão a sério a distinção entre um Direito Constitucional Processual e um Direito Processual Constitucional a ponto de se chegar a distinguir o que deva estar intimamente relacionado, Processo e Constituição. Ainda que se admita a existência de um Processo Constitucional, enquanto disciplina a congregar o estudo de instrumentos especiais e complementares de garantia, no Brasil, qualquer processo é constitucional, quer em razão de sua estrutura e de seus fundamentos, que pelo fato de garantir as condições institucionais para a problematização e para a resolução de questões constitucionais subjacentes às situações concretas de aplicação do Direito Penal, Civil, Comercial, Administrativo, Tributário etc." (2003, v. 1, p. 119). Diante do exposto, as expressões "direito constitucional processual" e/ou "direito processual constitucional" querem significar, na presente pesquisa, a interligação existente entre a Constituição e o Processo; as normas processuais, além de serem editadas de acordo com o modelo de Constituição adotado numa determinada sociedade, devem ser interpretadas à luz da Constituição, respeitando-se as garantias constitucionais do cidadão no processo. ROCHA, José de Albuquerque. *Teoria geral do processo*. 5. ed., rev. e aum. São Paulo: Malheiros, 2001; DANTAS, Ivo. *Constituição & processo. Introdução ao direito processual constitucional*. Curitiba: Juruá, 2003.

rantias das partes na seara civil. Com ela surgiu o chamado "direito processual contemporâneo", expressão que quer significar a inegável ligação existente entre o estudo do processo e as normas constitucionais com que aquele se relaciona. Hoje não se estuda mais a disciplina de processo em sua esfera fechada, mas faz-se uma interpretação sistemática do Direito, ou seja, interpreta-se o processo de acordo com os institutos constitucionais que o regem. Com esse direcionamento, evolui o entendimento de processo como instrumento técnico, ou seja, o processo também passa a ser entendido como meio de efetivação das garantias constitucionais.

O direito constitucional, como já advertia Enrico Tullio Liebman[2] em 1962, representa o centro da unidade jurídica, o tronco comum do qual os vários ramos partem, a *linfa vitale* dos mais variados direitos. O direito constitucional regula a formação das leis, derivando todas as normas. O direito constitucional regula, em seus aspectos fundamentais, as pessoas, os grupos sociais e os poderes públicos na sociedade legalmente constituída, de forma que o Código de Processo Civil é a regulamentação da garantia de justiça contida na Constituição.

Por esse entendimento, como alude Jorge Miranda,[3] as normas processuais devem ser lidas à luz dos princípios e das regras constitucionais. Deve-se verificar a adequação das leis à letra e ao espírito da Constituição. A tutela do processo efetiva-se pelo reconhecimento do princípio da supremacia da Constituição sobre as normas processuais[4] e realiza-se pelo império das previsões constitucionais, cuja maior função é a proteção das garantias dos cidadãos. Assim, a Constituição, além de ser uma garantia, é o limite do exercício processual. São os princípios constitucionais que asseguram um sistema coerente e homogêneo, determinando a própria atuação do Estado.

A garantia jurisdicional da Constituição, isto é, a justiça constitucional, deve estar interligada com o sistema jurídico, ou seja, o direito processual, através do processo, deve assegurar o exercício regular das funções do Estado e deve conferir efetividade às ga-

---

[2] LIEBMAN, Enrico Tullio. *Problemi del processo civile*. Milão: Morano, 1962, p. 149.

[3] MIRANDA, Jorge. *Manual de direito constitucional*. Coimbra: 1981, v. 1, t. II, p. 545 e segs.

[4] DANTAS, Ivo. *Constituição & processo*. Introdução ao direito processual constitucional. Curitiba: Juruá, 2003, v. 1, p. 120.

rantias constitucionais, as quais elegeu através de um processo democrático. Para Kelsen,[5] a criação da lei e sua própria execução são funções do Estado: "Queste funzioni hanno ese medesime catarrere giuridico, giacchè consistono in atti giuridici. Sono o atti di creazione del diritto, cioè norme diuridiche, oppure atti di esecuzione del diritto dià creato, cioè di norme diuridiche già poste". Kelsen ainda observa, oportunamente, que:

> Legislazione ed esecuzione non sono due funzioni statali coordinate ma due momenti gerarchici del processo di creazione del diritto, e due momenti intermedi. Questo processo non si limita infatti alla legislazione ma, iniziando nella sfera dell'ordinamento giuridico internazionale, superiore a tutti gli ordinamenti statali, continua nella constituzione, per concludersi infine, attraverso i momenti successivi della legge e del regolamento e poi della sentenza e dell'atto amministrativo, con gli atti di esecuzione materiale (Vollstreckungsakte) di queste ultimi.[6]

Logo, enquanto a Constituição regula em sua linha essencial a formação das leis, a legislação aplica o Direito. Na concepção de Kelsen, em obra já referenciada, a liberdade do legislador, subordinada somente à Constituição, encontra limitação relativamente fraca e seu poder de criação resta relativamente grande. Então, conclui o autor que "ad ogni grado che si scende, il rapporto tra libertà e limitazione si modifica in favore della seconda: la sfera dell'aplicazione aumenta, quella della libera creazione diminuisce".

O sistema processual deve estar continuamente ligado e deve ser entendido através dos valores constitucionais, pois o processo não pode ser concebido simplesmente como mero instrumento técnico. Assim, o conceito moderno de processo envolve, obrigatoriamente, o devido processo legal. A título de exemplificação, será inconstitucional o processo que não atender à ampla defesa e ao contraditório; o processo deve atender, efetivamente, à ordem constitucional.

---

[5] KELSEN, Hans. *La giustizia costituzionale*. Milano: Giuffrè Editore, 1981, p. 145.

[6] KELSEN, *La giustizia costituzionale*, 145: legislação e execução não são duas funções estatais coordenadas, mas dois momentos ordenados do processo de conhecimento do direito e dois momentos intermediários. Esse processo não se limita, na realidade, à legislação, mas inicia na esfera do ordenamento jurídico internacional, superior a todos os ordenamentos estatais, continuando na Constituição e concluindo, enfim, através do momento sucessivo da lei e do regulamento e após da sentença e do ato administrativo, com os atos de execução material (*Vollstreckungsakte*) desta última. (Tradução nossa).

O direito de ação e o Judiciário apresentam-se como instrumentos de efetivação de todas as garantias constitucionais; constituem a estrutura de toda pirâmide, a qual não teria a menor consistência se não houvesse mecanismos eficientes de manutenção.[7] E esse "mecanismo eficiente de manutenção" está substanciado no processo, que tem "o significado e escopo de assegurar a conformação dos institutos do direito processual e o seu funcionamento aos princípios que descendem da própria ordem constitucional".[8]

Nas lições de Dinamarco, "o processo é meio, não só para chegar ao fim próximo, que é o julgamento, como ao fim remoto, que é a segurança constitucional dos direitos e da execução das leis".[9] Assim surgiu o chamado "direito processual constitucional". Tal método consiste em "examinar o sistema processual e os institutos do processo à luz da Constituição e das relações mantidas com ela. O método constitucionalista inclui em primeiro lugar o estudo das recíprocas influências existentes entre Constituição e processo – relações que se expressam na tutela constitucional do processo e, inversamente, na missão deste como fator de efetividade dos preceitos e garantias constitucionais de toda ordem".[10]

O direito processual civil integra o ramo do direito público e é regulado, além das normas infraconstitucionais, por normas, princípios e valores constantes na Constituição Federal. Assim, o direito constitucional processual é o conjunto de normas, princípios e valores do processo previstos na Lei Maior.[11] Segundo dita Guerra Filho, as análises da conexão do processo com a Constituição ampliam-se a ponto de se poder encarar o direito processual como uma espécie de "direito constitucional aplicado".[12]

A efetividade dos princípios processuais constitucionais conduz a que o processo cumpra sua função de instrumento a servi-

---

[7] GRECO FILHO, Vicente. *Direito processual civil brasileiro*. 13 ed. São Paulo: Saraiva, 1998, v. 1, p. 32.

[8] DINAMARCO, Cândido Rangel. *A instrumentalidade do processo*. 7. ed. São Paulo: Malheiros, 1999, p. 25.

[9] DINAMARCO, op. cit., p. 27.

[10] DINAMARCO, *Instituições de direito processual civil*, p. 188.

[11] LUCON, Paulo Henrique dos Santos. Garantias do tratamento paritário das partes. In: CRUZ E TUCCI, José Rogério (Org.). *Garantias constitucionais do processo civil*. São Paulo: RT, 1999, p. 91.

[12] GUERRA FILHO, *Teoria processual da Constituição*, p. 24.

ço da ordem constitucional e legal, o que traduz "a existência de um processo acessível a todos e a todas as suas causas, ágil e simplificado, aberto à participação efetiva dos sujeitos interessados e contando com a atenta vigilância do juiz sobre a instrução e sua interferência até ao ponto em que não atinja a própria liberdade dos litigantes"[13] e assegure as garantias processuais constitucionais.

O acesso almejado à ordem jurídica justa e, conseqüentemente, à efetividade do processo será alcançado com o cumprimento das garantias processuais constitucionais no processo, que, por sua vez, deve efetivar os preceitos e garantias que a própria Constituição contém e projeta sobre todo ordenamento jurídico.

Para Paulo Henrique dos Santos Lucon,[14] numa visão crítica de todo ordenamento jurídico, as regras relacionadas com o processo devem subordinar-se às normas constitucionais de caráter amplo e hierarquicamente superior: "O respeito aos preceitos constitucionais torna-se premissa ética na aplicação do direito processual". Ressalta ainda que a ordem constitucional também sofre influências do processo, na medida em que será ele o instrumento de efetivação e preservação das normas constitucionais. Entre os diversos escopos de processo, fala-se em "justiça e celeridade", ou de "celeridade e ponderação",[15] o que implica a necessidade de adotar meios tais que proporcionem o mais rapidamente possível a pacificação social no caso concreto, sem prejuízo da qualidade da decisão.

A boa qualidade da decisão constitui, por um lado, fidelidade ao direito material (aí o escopo jurídico), mas também, acima disso, é penhor da justiça das decisões. Toda a tessitura de princípios e garantias constitucionais do processo (com destaque para o *due process of law*) é predisposta à efetiva fidedignidade aos desígnios do direito material.

Cumpre destacar que a Constituição garante a tutela dos direitos fundamentais da pessoa e de suas liberdades em função do processo e da administração pública da justiça processual, "na medida em que cristalizam princípios axiológicos recolhidos do poder

---

[13] DINAMARCO, op. cit., p. 32.

[14] LUCON, Paulo Henrique dos Santos. Garantia do tratamento paritário das partes. In: CRUZ E TUCCI (Org.). *Garantias constitucionais do processo civil*, p. 90.

[15] DINAMARCO, *A instrumentalidade do processo*, p. 318.

jurídico global do Estado e que se consolidam na sociedade política pela via direta da consciência pessoal e do sentimento jurídico do povo".[16] Portanto, a Constituição é o ápice da hierarquia das fontes do Direito Processual, onde se concentram e se condicionam todos os princípios de natureza processual, os quais devem ser resguardados em toda e qualquer tarefa do legislador e do hermeneuta.

Os princípios constitucionais processuais "pressupõem todo o conhecimento fundamental de que o legislador deve dispor para a criação das leis processuais, ou seja, das normas jurídicas gerais do processo".[17] "O processo é instrumento de atuação da Constituição, e o binômio processo-Constituição constitui não somente garantia de justiça, como também garantia de liberdade. O direito não deve ficar à mercê do processo, nem sucumbir diante da inexistência ou insuficiência deste".[18]

Nessa linha, Moacyr Caram Júnior[19] explica que as regras processuais e constitucionais estão estreitamente interligadas. As constitucionais estabelecem o comando geral para a criação de todos os demais preceitos que ordenam o convívio social. "O Código Processual Civil também foi, naturalmente, instituído com observância nos mandamentos previstos na Constituição Federal".

Basicamente, os princípios constitucionais processuais regulam a criação das normas processuais e põem toda a estrutura do sistema político e do ato global em uma unidade sistemática, à qual tem direito todo cidadão. Isso traduz o que Hans Kelsen chama de *judicial control* de constitucionalidade das leis e também, por evidente, das leis processuais.[20]

Sem dúvida alguma, observa oportunamente Ivo Dantas,[21] de qualquer perspectiva pela qual se estude o processo na Constituição, o ponto fundamental é a análise do devido processo legal, porque

---

[16] HESPANHA, Benedito. *Tratado de teoria do processo*. Rio de Janeiro: Forense, 1986, v. 1, p.247.

[17] HESPANHA, op. cit., p.224.

[18] GRINOVER, Ada Pellegrini. *As garantias constitucionais do direito de ação*. São Paulo: RT, 1973, p. 99.

[19] CARAM JÚNIOR, Moacyr. *O julgamento antecipado da lide, o direito à ampla defesa e ao contraditório*. Curitiba: Juarez de Oliveira, 2001, p. 67.

[20] CARAM JÚNIOR, op. cit., p. 67.

[21] DANTAS, *Constituição & processo*, p. 119.

é este o princípio fundamental ao denominado Estado Democrático de Direito, também objeto de estudo na presente pesquisa.

O processo, portanto, deve ser estudado segundo um enfoque constitucional, por ter como tarefa a busca da justiça e o efetivo cumprimento das garantias expressas na Constituição. Nesse sentido, como se verá no próximo capítulo, o qual tratará das garantias constitucionais processuais, também surge a concepção contemporânea do acesso à justiça e do devido processo legal, os quais são prolongamentos da ordem constitucional com o escopo de guiar a criação e a regulamentação das leis processuais.

1.1. A supremacia constitucional

A idéia de Constituição originou-se como uma forma de organização de uma comunidade. Qualquer comunidade política, qualquer sociedade, tem de ter uma Constituição para sua organização. As primeiras constituições no século XVIII, basicamente em 1787 e 1791, trouxeram a idéia de poder constituinte, um poder com supremacia hierárquica em relação a todos poderes jurídicos e públicos. Então, a partir da Assembléia, de um estudo sobre o processo democrático, fruto da expressão da soberania popular, surgiram normas fundamentais que vinculam tanto o governante quanto os governados, inclusive o próprio legislador. Desse processo, resultou um documento formal, fruto do poder constituinte, cujo intento foi inserir todas as normas materialmente constitucionais, todas as normas fundamentais à organização do Estado em sociedade. Assim, ao poder constituinte atribuiu-se a tarefa de constituir o Estado.

Em decorrência, à Constituição deve ser atribuída força superior, devendo ser interpretada como hierarquicamente superior a qualquer outra norma e ter uma força normativa. Konrad Hesse, ao escrever *A força normativa da Constituição*, reconheceu que "a norma constitucional não tem existência autônoma em face da realidade.

A sua essência reside na sua vigência, ou seja, a situação por ela regulada pretende ser concretizada na realidade".[22]

A Constituição Federal de 1988 representa a norma fundamental do ordenamento jurídico nacional. Fundamental porque é por meio dela que se consolidam os objetivos fundamentais do Estado Democrático de Direito. Lembrando França, "nela encontramos a consolidação dos bens e valores jurídico-políticos que o constituinte resolveu, por bem, conceder a qualificação de supremos quando comparados aos demais".[23] A Constituição conduz à unificação política e constitui um instrumento da unidade nacional; é suprema frente a todo o ordenamento jurídico, funcionando como um sistema de freios perante o sistema infraconstitucional. É uma "rede axiológica e hierarquizada de princípios, de regras e de valores de ordem suprema, cuja função é a de, evitando ou superando antinomias axiológicas, dar cumprimento aos objetivos fundamentais do Estado Democrático de Direito".[24]

Konrad Hesse,[25] ainda ao discorrer sobre *A força normativa da constituição,* ressalta que ela não "configura apenas expressão de um ser, mas também de um dever ser; ela significa mais do que o simples reflexo das condições fáticas de sua vigência, particularmente as forças sociais e políticas".

A vontade da Constituição deve ser honestamente preservada, mesmo que, para isso, tenha-se de renunciar a alguns benefícios, ou até a algumas vantagens justas. "Quem se mostra disposto a sacrificar um interesse em favor da preservação de um princípio constitucional, fortalece o respeito à Constituição e garante um bem da vida indispensável à essência do Estado, mormente ao Estado democrático".[26]

---

[22] HESSE, Konrad. *A força normativa da Constituição.* Tradução de Gilmar Ferreira Mendes. Porto Alegre: Sergio Antonio Fabris , 1991, p.14.

[23] FRANÇA, Vladimir da. *Questões sobre a hierarquia entre as normas constitucionais na CF/88.* Direito na WEB. Ano I, 2001. Disponível em: http://www.direitonaweb. adv.br/doutrina/dconst/Vladimir_R_Franca_(DCONS_0001).htm. Acesso em: 12 nov. 2003.

[24] FREITAS, Juarez. *A interpretação sistemática do direito.* 4. ed. São Paulo: Malheiros, 2004, p. 182.

[25] HESSE, *A força normativa da Constituição,* p. 15.

[26] HESSE, op. cit., p. 22.

Também na visão de Vicente Ráo[27] e José Afonso da Silva,[28] a Constituição encontra-se no mais elevado grau da hierarquia, no vértice do sistema jurídico do país. Este, segundo uma perspectiva vitalizante e renovadora seguida por Juarez Freitas, é conceituado como sendo uma

> rede axiológica e hierarquizada topicamente de princípios fundamentais, de normas estritas (ou regras) e de valores jurídicos cuja função é a de, evitando ou superando antinomias em sentido amplo, dar cumprimento aos objetivos justificadores do Estado Democrático de Direito, assim como se encontram consubstanciados, expressa ou implicitamente, na Constituição.[29]

É a Constituição que confere unidade de sentido ao ordenamento jurídico, o qual representa todo um sistema ordenado, harmônico e hierarquizado de normas, princípios e valores que regulam a conduta jurídica das pessoas enquanto inseridas numa sociedade. É nela que estão as linhas gerais para guiar o ordenamento jurídico, a atividade estatal e social, no sentido de promover o bem-estar individual e coletivo dos integrantes da comunidade que soberanamente a estabelece.[30]

Sobre essa superioridade da Constituição perante as demais normas que compõem o ordenamento jurídico como um todo, Rogério Lauria Tucci e José Rogério Cruz e Tucci[31] afirmam que repousam na Constituição numerosos dispositivos e institutos de processo civil, pois, como lei suprema que é, situa-se no ponto culminante da hierarquia das fontes do direito, contendo fundamentos institucionais e políticos de toda a legislação ordinária.

Reitera, ainda, Cândido Rangel Dinamarco[32] que a Constituição é a matriz a que remonta toda a ordem jurídica do país. Assim,

---

[27] RÁO, Vicente Ráo. *O direito e a vida dos direitos*. 5. ed. anot. e atual. por Ovídio Rocha Barros Sandoval. São Paulo: RT, 1999, p. 305.

[28] SILVA, José Afonso da. *Curso de direito constitucional positivo*. 9. ed. São Paulo: Malheiros, 1992, p. 47.

[29] FREITAS, *A interpretação sistemática do direito*, p. 61.

[30] GUERRA FILHO, Willis Santiago. *Teoria processual da constituição*. São Paulo: Celso Bastos: Instituto Brasileiro de Direito Constitucional, 2000, p. 16.

[31] TUCCI, Rogério Lauria; CRUZ e TUCCI, José Rogério. *Constituição de 1988 e processo*. Regramentos e garantias constitucionais do processo. São Paulo: Saraiva, 1989, p. 1.

[32] DINAMARCO, Cândido Rangel. *Instituições de direito processual civil*. São Paulo: Malheiros, 2001, v. 1, p. 190.

a efetividade do ordenamento jurídico nacional como um todo, que é um dos escopos políticos do processo, no fundo, é a efetividade da própria Constituição.

A Constituição estabelece o processo justo, ou seja, estabelece princípios, normas e valores para assegurar a devida solução jurisdicional de conflitos, para assegurar um acesso à justiça qualitativo e uma efetiva tutela jurisdicional constitucional. A supremacia da Constituição deve ser assegurada, mas não basta a disposição de meios para se ter o acesso à justiça de forma quantitativa; deve-se assegurar a justiça processual, ou seja, um acesso à justiça qualitativo, que efetive as garantias processuais constitucionais, em especial o devido processo legal.

A tarefa de efetivar a superioridade constitucional, de assegurar uma devida solução jurisdicional, que atenda ao devido processo legal, também cabe ao hermeneuta, que, por sua vez, deve valer-se da Lei Maior para interpretar, especialmente diante da colisão de um texto legal com um princípio. Neste caso, conforme doutrina Couture, o hermeneuta resolve "por el predominio del principio, ya que él es la revelación de una posición de carácer general, tomada a lorgo del conjunto constante de soluciones particulares".[33]

Assim, por ser a Constituição um reflexo da sociedade, pois todas as classes sociais são representadas na sua elaboração, as normas devem ser interpretadas de forma a interagir com o normativo maior. Por outro lado, qualquer inconstitucionalidade, formal ou material, "apresenta-se como grave e inaceitável violação, antes de tudo, à sistematicidade da Constituição em sua característica estrutura principialista".[34] Na medida em que a Constituição se transforma em força ativa, devem suas tarefas ser efetivamente realizadas e estar presentes na consciência geral – particularmente, na consciência dos principais responsáveis pela ordem constitucional –, não só a vontade de poder (*Wille zur Macht*), mas também a vontade de Constituição (*Wille zur Verfassung*).[35] Cabe a todos essa tarefa de efetivar a Constituição, de orientar a própria conduta segundo a or-

---

[33] COUTURE, Eduardo. *Estudios de derecho procesal civil*. Buenos Aires: Depalma, 1979, t. III, p. 55.

[34] FREITAS, *A interpretação sistemática do direito*, p. 183.

[35] HESSE, *A força normativa da Constituição*, p. 19.

dem nela estabelecida, de identificar a vontade de concretizar essa ordem e ter consciência da vontade da Constituição.

Entretanto, a tarefa do hermeneuta, além de atender às previsões constitucionais e o limite das meras necessidades de estar em consonância com as suas previsões, adentra nos limites da moral e da ética. Isso porque, conforme assevera Moacyr Caram Júnior,[36] os preceitos de ordem constitucional trazem em seu bojo não simples regras de condutas, mas verdadeiros conceitos, dogmas ou posicionamentos axiológicos. A Constituição é a garantia mais efetiva de que os direitos e as liberdades não poderão ser jamais ofendidos[37] e de que o processo judicial será instrumento efetivo do sistema jurídico, devendo respeitar os princípios, as normas e os valores, conforme se tratará na seqüência.

1.2. Princípios fundamentais (garantias),[38] normas estritas (regras) e valores[39]

É imprescindível fazer uma clara e funcional distinção entre princípios, normas e valores, conforme já referido, antes de adentrar no estudo

---

[36] CARAM JÚNIOR, Moacyr. *O julgamento antecipado da lide, o direito à ampla defesa e ao contraditório*. Curitiba: Juarez de Oliveira, 2001, p. 67.

[37] BRASIL. Supremo Tribunal Federal. Adin 293-7/600, rel. Min. Celso Mello, 1994.

[38] DINAMARCO, *Instituições de direito processual civil*, p. 194. O autor diferencia princípios de garantias. Para ele, as "grandes linhas-mestras desenhadas pela Constituição (princípios) ganham eficácia imperativa mediante as correspondentes garantias. As garantias constitucionais consistem em preceitos dotados de sanção, isso significando que sua inobservância afetará de algum modo a validade ou eficácia do ato transgressor, o qual não pode prevalecer sobre os imperativos constitucionais". Em que pese a distinção adotada por Dinamarco, adotar-se-á nesse estudo o vocábulo "garantia" para designar a mesma idéia de "princípio". Nesse sentido, para Manoel Antônio Teixeira Filho (*Cadernos de processo civil*: princípios do processo civil. São Paulo: LTr, 1999, v. 2, p. 13), os princípios constitucionais representam garantias constitucionais dos indivíduos e da coletividade.

[39] Não esposam essa distinção Robert Alexy, Canaris, Ronald Dworkin, Canotilho, Guastini, Larenz e Humberto B. Ávila, para os quais tanto princípios como regras são normas jurídicas. Guastini afirma que uma norma não se traduz em texto, mas em conteúdo de significação da interpretação de textos e das inúmeras relações que mantêm entre si. GUASTINI, Riccardo. *Teoria e dogmatica delle fonti*. Milano: Giuffrè, 1999, p. 20.

das garantias constitucionais processuais. Todavia, não se pretende elaborar uma definição própria de princípios. Neste estudo, apenas se objetiva evidenciar que princípios, normas estritas e valores são axiologicamente distintos, abarcando valores diferenciados.

Diversas são as justificativas para a diferenciação entre princípios e regras na doutrina nacional e estrangeira. Porém, como não é objetivo do presente tópico construir uma conceituação acerca dos princípios, tratando-se apenas duma introdução para o estudo das garantias constitucionais processuais, transcreve-se, exclusivamente a conceituação adotada por Juarez Freitas e Humberto Bergmann Ávila, com o escopo de demonstrar a divergência doutrinária.

Outrossim, como bem observa Guastini,[40] não se deveria sequer buscar uma definição unitária de princípio jurídico, pois alguns autores o utilizam com significado diferente, além de o termo "princípio" poder se referir a vários fenômenos. Conforme aponta Miguel Reale, o conceito de princípio é comum às ciências em geral:

> Princípios são, pois, verdades ou juízos fundamentais, que servem de alicerce ou de garantia de certeza a um conjunto de juízos, ordenados em um sistema de conceitos relativos a dada porção da realidade. Às vezes também se denominam princípios certas proposições que, apesar de não serem evidentes ou resultantes de evidências, são assumidas como fundantes da validez de um sistema particular de conhecimentos, como seus pressupostos necessários.[41]

Princípios constitutivos de um ordenamento, seguindo a conceituação adotada por Juarez Freitas,[42] são, invariavelmente, a expressão de uma determinada escolha entre valores e podem estar expressa ou implicitamente positivados. Diferenciam-se das regras por uma qualidade argumentativa superior e, havendo colisão entre essas, a interpretação deve ser realizada em conformidade com os princípios, os quais devem ser alçadas como proeminentes, jamais havendo um conflito de regras que não se resolva à luz dos princípios.

Princípios fundamentais, no entendimento do referido autor, são "os critérios ou as diretrizes basilares de um sistema jurídico,

---

[40] GUASTINI, Riccardo. *Teoria e dogmatica delle fonti*. Milano: Giuffrè, 1999, p. 276.

[41] REALE, Miguel. *Filosofia do direito*. 11. ed. São Paulo: Saraiva, 1986, p. 60.

[42] FREITAS, *A interpretação sistemática do direito*, p. 291.

que se traduzem numa disposição hierarquicamente superiores, do ponto de vista axiológico, às normas estritas (regras) e aos próprios valores (mais genéricos e indeterminados)";[43] são linhas mestras pelas quais se deverá guiar o intérprete ao fazer hermenêutica jurídica. Francesco Carnelutti, em 1958, já afirmava que "i principi sono le leggi delle leggi".[44] Tais princípios estruturam o sistema jurídico, o qual "se estabelece mediante uma hierarquia segundo a qual algumas normas descansam em outras, as quais, por sua vez, repousam em princípios que, de seu lado, se assentam em outros princípios mais importantes. Dessa hierarquia decorre que os princípios maiores fixam as diretrizes gerais do sistema e subordinam os princípios menores. Estes subordinam certas regras que, à sua vez, submetem outras".[45]

Quando incorporados a um "sistema-jurídico-constitucional-positivo", segundo os ensinamentos de Ivo Dantas,[46] os princípios refletem a própria estrutura ideológica do Estado como tal, representativa dos valores consagrados por uma determinada sociedade. Em texto que merece ser trazido à colação, ainda Dantas, ao conceituar princípios jurídicos, registra:

> Correta é a posição dos que advertem para a distinção entre Princípios e Normas, sobretudo porque, embora aqueles possam até ser inferidos por uma operação lógica, a norma é sempre expressa, não pode ser "deduzida" a partir do conteúdo do sistema como um todo. O princípio pode, segundo boa parte da Doutrina, ser identificado a partir de dois processos: 1) através de pressupostos filosóficos, como, por exemplo, do Direito Natural; 2) pela via lógica de um processo de abstração, de progressiva generalização.[47]

Normas estritas ou regras são preceitos menos amplos e axiologicamente inferiores que devem se harmonizar com os princípios: "As regras nunca devem ser aplicadas mecanicamente ou de modo passivo, mesmo porque a compreensão das regras implica, em to-

---

[43] FREITAS, *A interpretação sistemática do direito*, 56.

[44] CARNELUTTI, Francesco. *Diritto e processo*. Napoli: Morano, 1958, p. 9: os princípios são as leis das leis. (Tradução nossa).

[45] ESPÍNDOLA, Ruy Samuel. *Conceito de princípios constitucionais*. São Paulo: RT, 1999, p. 165.

[46] DANTAS, *Constituição & processo*, p. 145-146.

[47] DANTAS, *Constituição & processo*, p. 145-146.

dos os casos, uma simultânea aplicação dos princípios em conexão com as várias frações do ordenamento".[48]

Valores, considerando-se aqui valores *stricto sensu*, não obstante a própria Constituição referir-se a "valores supremos", "têm quase o mesmo sentido de princípios, com a única diferença de que os últimos, conquanto encarnações de valores e 'justificadores' do sistema, apresentam a forma mais concentrada de diretrizes que falta àqueles, ao menos em grau ou intensidade".[49]

Eros Roberto Grau,[50] ao diferenciar princípios e regras, afirma que os princípios possuem uma dimensão que não é própria das regras jurídicas: a dimensão do peso e da importância, postos no ponto mais alto da escala normativa. Eles mesmos, sendo normas, tornam-se, doravante, as normas supremas do ordenamento. São, qualitativamente, a viga-mestra do sistema, o esteio da legitimidade constitucional, o penhor da constitucionalidade das regras de uma Constituição.[51]

Em sentido diverso, Humberto Bergmann Ávila[52] compreende o Direito "como um conjunto composto de normas (princípios, regras) cuja interpretação e aplicação depende de postulados normativos (unidade, coerência, hierarquização, supremacia da Constituição, etc.), critérios normativos (superioridade, cronologia e especialidade), *topoi* (interesse público, bem comum, etc.) e valores".

Para esse autor, a diferença entre princípios e regras reside na ligação da previsão normativa com a concretização de fins ou de condutas: as regras consistiriam em normas de conduta e os princípios, em normas finalísticas (ou de tarefas). Outrossim, os prin-

---

[48] FREITAS, *A interpretação sistemática do direito*, p. 58.

[49] FREITAS, op. cit., p. 292.

[50] GRAU, Eros Roberto. *A ordem econômica na Constituição de 1988:* interpretação e crítica. 8. ed. São Paulo: Malheiros, 2003.

[51] ASSIS, Araken. Garantia de acesso à justiça: benefício da gratuidade. In: CRUZ E TUCCI (Org.). *Garantias constitucionais do processo civil*, p. 58.

[52] ÁVILA, Humberto Bergmann. A distinção entre princípios e regras e a redefinição do dever de proporcionalidade. *Revista de Direito Administrativo*, Rio de Janeiro: Renovar, v. 215, jan./mar.1999, p.164; Idem ÁVILA, Humberto Bergmann. *Revista Diálogo Jurídico*, Salvador, CAJ – Centro de Atualização Jurídica, v. I, n. 4, jul. 2001. Disponível em: http://www.direitopublico.com.br. Acesso em: 12 nov. 2003. Idem ÁVILA, Humberto Bergmann. *Teoria dos princípios:* da definição à aplicação dos princípios jurídicos. 2. ed. São Paulo: Malheiros, 2003, p. 70.

cípios não se confundem com valores. Apesar de se relacionarem aos valores na medida em que o estabelecimento de fins implica qualificação positiva de um estado de coisas que se quer promover, também deles se afastam por se situarem no plano deontológico e, por via de conseqüência, estabelecerem a obrigatoriedade de adoção de condutas necessárias à promoção gradual de um estado de coisas. Por sua vez, os valores situam-se no plano axiológico ou meramente teleológico, razão pela qual apenas atribuem uma qualidade positiva a determinado elemento.

Em suma, Juarez Freitas entende que o sistema jurídico é composto por princípios fundamentais, por normas estritas (regras) e valores.[53] [54] Assevera que a distinção entre princípios fundamentais, normas estritas (regras) e valores, além da objetividade e da presencialidade normativa, está na qualidade argumentativa superior, no reconhecimento de uma diferença substancial de grau hierárquico, pois a própria Constituição cuida de estabelecer princípios fundamentais, entre os quais avultam o da dignidade humana e o da inviolabilidade do direito à igualdade, à liberdade e à vida.[55]

O vocábulo "princípio tem sempre uma conotação quase mágica para compreensão dos fenômenos. Quem detiver a chave dos princípios de uma ciência, detém o segredo de sua iniciação. Todo o resto consiste em um desdobramento daqueles princípios".[56] Os

---

[53] Nesse sentido v. também ASSIS, Araken. Garantia de acesso à justiça: benefício da gratuidade. In: CRUZ E TUCCI (Org.). *Garantias constitucionais do processo civil*, p. 55.

[54] Sobre o conceito de princípios constitucionais, v. ÁVILA, Humberto Bergmann. A distinção entre princípios e regras e a redefinição do dever de proporcionalidade. *Revista de Direito Administrativo*, Rio de Janeiro: Renovar, v. 215, jan./mar.1999, p.151-179; ou *Revista Diálogo Jurídico*, Salvador, CAJ – Centro de Atualização Jurídica, v. I, n. 4, jul. 2001. Disponível em: http://www.direitopublico.com.br. Acesso em: 12 nov. 2003; ou ÁVILA, Humberto Bergmann. *Teoria dos princípios:* da definição à aplicação dos princípios jurídicos. 2. ed. São Paulo: Malheiros, 2003. Ainda sobre o conceito de princípios constitucionais v. ROTHENBURG, Walter Claudius. *Princípios constitucionais*. Porto Alegre: Sergio Antonio Fabris, 2003; ESPÍNDOLA, Ruy Samoel. *Conceito de princípios constitucionais*. 2. ed. São Paulo: RT, 2002; BONAVIDES, Paulo. *Curso de direito constitucional*. 12. ed. São Paulo: Malheiros, 2002.

[55] FREITAS, *A interpretação sistemática do direito*, p. 56. Cfe. ainda distinção descrita por Juarez Freitas na "Tábua de diferenças e semelhanças entre princípios e regras", p. 228.

[56] POLETTI, Ronaldo. *Introdução ao direito*. 3. ed. São Paulo: Saraiva, 1996.

princípios constitucionais devem constituir os padrões axiológicos e teleológicos que o intérprete deve seguir na construção e concretização do ordenamento jurídico.

Adepto da mesma opinião é Daniel Sarmento ao afirmar que "os princípios representam as traves-mestras do sistema jurídico, irradiando seus efeitos sobre diferentes normas e servindo de balizamento para a interpretação e integração de todo o setor do ordenamento em que radicam". Aduz ainda que os princípios se revestem de grau de generalidade e de abstração superior ao das regras. "Ademais, os princípios possuem um colorido axiológico mais acentuado do que as regras, desvelando mais nitidamente os valores jurídicos e políticos que condensam".[57] Afirma o autor que os princípios constitucionais desempenham um papel hermenêutico essencial, "configurando-se como genuínos vetores exegéticos para a compreensão e aplicação das demais normas constitucionais e infraconstitucionais [...], representam o fio-condutor da hermenêutica jurídica, dirigindo o trabalho do intérprete em consonância com os valores e interesses por eles abrigados".[58]

Nas palavras de Paulo Bonavides,[59] os princípios corporificam os valores supremos em torno dos quais gravitam os direitos, as garantias e as competências de uma sociedade constitucional. Nesse sentido, Daniel Sarnento leciona que "a fluidez e o teor axiológico dos princípios constitucionais servem, a um só tempo, para dinamizar a ordem constitucional, permitindo que ela 'respire' (a expressão é de Canotilho), e para legitimá-la, ancorando-a nos valores existenciais que emprestam substrato ético ao constitucionalismo".[60]

Portanto, ao sistema processual cabe a tutela constitucional, pois são os princípios constitucionais que ditam padrões políticos para a vida daquele. O processo serve de instrumento de atuação dos preceitos contidos na Constituição porque seus princípios sintetizam os valores agregados no sistema jurídico e traduzem a ideologia da sociedade, seus interesses e seus fins. Assim, são os

---

[57] SARMENTO, Daniel. *A ponderação de interesses na Constituição*. Rio de Janeiro: Lumen Juris, 2000, p.53.

[58] SARMENTO, *A ponderação de interesses na Constituição*, p.55.

[59] BONAVIDES, Paulo. *Curso de direito constitucional*. 12. ed. São Paulo: Malheiros, 2002.

[60] SARMENTO, op. cit., p.56.

princípios o instrumento do hermeneuta para solucionar antinomias jurídicas, efetivando as garantias constitucionais e conferindo unidade ao sistema jurídico.

Por conseguinte, asseverando que a interpretação sistemática[61] deve ser realizada "em consonância com a rede hierarquizada, máxime na Constituição, de princípios, normas estritas e valores compreendidos dinamicamente e em conjunto", e considerando que toda "interpretação jurídica é interpretação sistemática ou não é interpretação",[62] adota-se à como método de abordagem no presente estudo, ou seja, interpretar-se-á a Lei 9.099 numa concepção de sistema jurídico.

Outrossim, na seara do processo civil, Juarez Freitas ainda destaca em seus ensinamentos o princípio do devido processo legal, entre outros, como um princípio hierarquicamente superior, como "princípio-síntese"; um princípio que compreende os demais princípios constitucionais processuais, v.g., o princípio do contraditório e da ampla defesa. O autor afirma que ao devido processo legal, garantido pela Constituição para assegurar um processo justo e de resultados justos (meios e fins), cumpre dar efetividade ao sistema e iluminar a interpretação sistemática das normas processuais, sobrepujando-as em importância hierárquica e força cogente por meio de uma hermenêutica autoconsciente de suas funções, a qual não descuidará do exercício adequado do metacritério hierarquizador.[63]

Desse modo, sem que se tenha pretendido discorrer sobre hermenêutica, infere-se ser imperioso que haja uma interpretação da Lei dos Juizados Especiais Cíveis em consonância com uma interpretação tópico-sistemática dos princípios constitucionais do devido processo legal e do acesso à justiça. Isso porque não é concebível interpretar isoladamente um texto legal, mas, sim, deve-se interpretá-lo sistematicamente.

De posse dos conceitos operacionais desenvolvidos, passa-se, pois, à análise, primeiramente, dos princípios constitucionais processuais referidos. Após, interpreta-se a Lei 9.099 a partir de sua inserção no sistema jurídico e segundo um enfoque constitucional.

---

[61] Sobre métodos de interpretação, v. FREITAS, *A interpretação sistemática do direito*.

[62] FREITAS, *A interpretação sistemática do direito*, p. 294.

[63] FREITAS, op. cit., p. 180.

Verificar-se-á se essa lei efetiva os princípios constitucionais processuais e se garante um acesso qualitativo à justiça, isto é, um acesso à justiça que assegure o *devido processo constitucional,* garantindo a efetividade do sistema jurídico.

2. As Garantias Constitucionais Processuais

O sistema constitucional de garantia do próprio processo funciona como instrumento de efetivação dos direitos constitucionais. É através das garantias constitucionais que se verifica a regularidade das regras imediatamente subordinadas à Constituição, isto é, a constitucionalidade ou não das leis ordinárias. O respeito às garantias constitucionais processuais confere segurança e efetividade ao processo, outorga aos cidadãos um julgamento segundo os ditames constitucionais e concede às partes em juízo um efetivo acesso à justiça.

Salienta-se, todavia, que não é possível o entendimento isolado de cada princípio, pois só haverá plena compreensão quando inter-relacionados. Os princípios processuais constituem um conjunto de idéias, inter-relacionadas e interdependentes, que expressam a visão que um povo tem do processo.[64] A união dos princípios constitucionais compõe o sistema processual, razão pela qual se justifica a adoção do método sistemático de interpretação, pois, como já visto anteriormente, aos princípios constitucionais atribui-se a característica de supralegalidade em virtude da supremacia conferida à Constituição.

Por fim, antes de adentrar ao tema, imperioso se faz citar um trecho escrito por José Maria Rosa Tesheiner,[65] o qual expressa o exato sentido dos princípios para o Direito. Assevera o autor "que os princípios vigentes entre nós se vinculam à ideologia política liberal e, porque são verdadeiramente princípios fundamentais do

---

[64]TESHEINER, José Maria Rosa. *Elementos para uma teoria geral do processo*. São Paulo: Saraiva, 1993, p. 30.

[65] TESHEINER, *Elementos para uma teoria geral do processo*, p. 30.

sistema jurídico, nós os absorvemos, da mesma forma como respiramos o ar que nos circula". Desse modo, apresentando-se como princípios hierarquicamente superiores, precisam ser aceitos e entendidos como condição para se operar o sistema jurídico.

2.1. Acesso à justiça

A expressão "acesso à justiça" tem um significado e uma idéia que variam no tempo. O instituto sofreu influências de natureza política, religiosa, sociológica, filosófica e histórica, traduzindo a evolução da luta do cidadão pela afirmação de seus direitos fundamentais.

Inicialmente,[66] como norma escrita, tal garantia foi prevista no Código de Hamurabi no período antigo, ao menos teoricamente: "assegurava proteção às viúvas e aos órfãos e, ainda, incentivava o homem oprimido a procurar a instância judicial – o soberano – para que este resolvesse a questão".[67] No auge da democracia grega, todos os cidadãos poderiam acionar a justiça, e o acesso era amplo e quase irrestrito. Porém, frisa-se que, então, o número de cidadãos era muito menor em relação à totalidade das pessoas. Foi também Atenas, segundo Paulo Cezar Pinheiro Carneiro, o berço da assistência judiciária aos pobres. Lá, anualmente, eram nomeados dez advogados para prestar assistência jurídica às pessoas consideradas na época como carentes.

---

[66] A evolução histórica apresentada a seguir tem por base, entre outras, a doutrina de Paulo Cezar Pinheiro Carneiro (*Acesso à justiça*: Juizados especiais cíveis e ação civil pública: uma nova sistematização da teoria geral do processo. 2. ed. Rio de Janeiro: Forense, 2000) e a doutrina de José Carlos Moreita Alves (*Direito romano.* 11. ed. Rio de Janeiro: Forense, 1999).

[67] CARNEIRO, Paulo Cezar Pinheiro. *Acesso à justiça*: Juizados especiais cíveis e ação civil pública. 2. ed. Rio de Janeiro: Forense, 2000, p. 3. O autor ainda refere que o Código de Hamurabi continha o texto: "Em minha sabedoria eu os refiro para que o forte não oprima o fraco e para que seja feita justiça à viúva e ao órfão. Que cada homem oprimido compareça diante de mim, como rei que sou da justiça. Deixai ler a inscrição do meu monumento. Deixai-o atentar nas minhas ponderadas palavras. E possa o meu monumento iluminá-lo quanto à causa que traz e possa ele compreender o seu caso".

No período medieval, séculos IV e V, até o começo do pensamento moderno, nos séculos XV e XVI, predominou o cristianismo, que trouxe forte concepção religiosa ao direito, fazendo nascer a concepção de que homem justo fosse julgado pela sua fé. Nesse período, a influência da religião e do pensamento religioso sobre a filosofia e o direito foi marcante. "Os ordálios ou juízos de Deus (provas de água, de fogo, duelos) constituíam a fonte primária de julgamento. [...] Talvez isto não significasse acesso à justiça, [...] mas certamente significava acesso a um julgamento, tido como justo pelo grupo social".[68]

De 1712 a 1778, no apogeu do período moderno, a natureza humana passou a ser considerada a fonte do direito natural, com o que houve uma evolução da concepção patrimonialista do Direito para uma visão humanista e racionalista. Nessa época, em virtude dos vários processos revolucionários, como a Revolução Gloriosa de 1689, a Revolução Inglesa e, finalmente, a Revolução Francesa, ocorreu a universalização dos direitos do homem. A partir da revolução burguesa, com a separação dos poderes, foi limitado o poder do Estado. Havia a concepção do princípio da legalidade de forma individualista; protegiam-se a propriedade e a autonomia privada a partir de uma previsão utópica da igualdade formal, o que, em tese, deveria também assegurar um igual acesso à justiça. Contudo, a realidade era bastante diversa. A partir do poder soberano de manter sob sua potestade um grupo num território, criou-se um novo conceito de Estado Nacional, que resultaria, mais tarde, na criação da Constituição.

A partir da metade do século XIX, houve uma série de conquistas sociais que fez emergir uma nova disputa entre burguesia e proletariado. Desse modo, no âmbito trabalhista, surgiu a discussão sobre o significado do acesso à justiça, o que projetou no plano teórico da justiça uma concepção voltada ao valor do homem.

Atualmente, com o surgimento de novos meios de comunicação e das conquistas trabalhistas, formam-se novos movimentos sociais das mais variadas segmentações, o que resulta na luta pela efetivação das garantias abarcadas pelo ordenamento jurídico e na discussão do real significado do acesso à justiça. Assim, acaloram-se os debates acerca de questões que envolvem celeridade proces-

---

[68] CARNEIRO, op. cit., p. 13.

sual e efetivação da justiça e de questões ligadas diretamente com a pessoa, como a proteção à dignidade e à justiça de forma ampla.

Entretanto, foi através da garantia do acesso à justiça que todo cidadão passou a ter direito de buscar a defesa dos seus direitos individuais. Evidencia-se tal garantia na redação do inciso XXXV, entre outros, do art. 5º da Constituição Federal de 1988: "A lei não excluirá da apreciação do Poder Judiciário lesão ou ameaça a direito".

Como bem referencia Araken de Assis,[69] o Estado, ao proibir aos cidadãos resolverem por si suas contendas, avocou-se o poder de resolver os conflitos de interesses inerentes à vida social e, correlatamente, adquiriu o dever de prestar certo serviço público, que é a jurisdição. O autor, remetendo à doutrina de Augusto Tavares Rosa Marcacini,[70] esclarece a distinção de três institutos: a) a assistência jurídica integral, que compreende a consulta e a orientação extrajudiciais, representação em juízo e gratuidade do respectivo processo; b) a assistência judiciária, ou seja, o serviço público organizado, consistente na defesa em juízo do assistido, que deve ser oferecido pelo Estado, mas que pode ser desempenhado por entidades não-estatais, conveniadas ou não com o poder público; c) a gratuidade da justiça, que envolve a gratuidade de todas as custas e despesas, judiciais ou não, relativas a atos necessários ao desenvolvimento do processo e à defesa dos direitos do beneficiário em juízo, objeto da Lei 1.060, de 05.02.1950, e alterações posteriores.

Entretanto, o acesso à justiça não se resume ao acesso ao processo. Nessa perspectiva, decorrem normas constituidoras de direitos e garantias fundamentais não só do inciso citado, mas de outros, tais como nas normas que garantem indenização pela violação à intimidade, vida privada, honra e imagem das pessoas, a necessidade de pressupostos de flagrante delito e de ordem judicial para prisão ou violação do lar e as garantias do devido processo legal e da legítima defesa.

A dissertar sobre a diferenciação entre "direitos naturais", "direitos fundamentais", "direitos do homem" e "direitos do cida-

---

[69] ASSIS, Araken. Garantia de acesso à justiça: benefício da gratuidade. In: CRUZ E TUCCI (Org.). *Garantias constitucionais do processo civil*, p. 9.

[70] MARCACINI, Augusto Tavares Rosa. *Assistência jurídica, assistência judiciária e justiça gratuita*. Rio de Janeiro: Forense, 1996, p.31.

dão", Bezerra[71] leciona que, quando se pensa em justiça, não se está apenas querendo observar o aspecto formal da justiça nem seu caráter processual. O acesso à justiça é um direito natural, um valor inerente ao homem por sua própria natureza, e a sede de justiça que angustia o ser humano tem raízes fincadas na teoria do direito natural. "Como direito, o acesso à justiça é, sem dúvida, um direito natural. Como direito formal do indivíduo de propor ou contestar uma ação. Nesse sentido é um direito fundamental. [...] O acesso pode, portanto, ser encarado como requisito fundamental – o mais básico dos direitos do homem – de um sistema jurídico moderno e igualitário que pretende garantir, e não apenas proclamar os direitos de todos".[72]

Outrossim, no sentido de direito fundamental, previsto pela Constituição e pela legislação infraconstitucional, o processo deve ser manipulado de modo a propiciar às partes acesso à justiça formal e material. Cappelletti e Garth[73] esclarecem que o acesso à justiça formal não corresponde a uma igualdade efetiva, mas apenas formal. O acesso à justiça deve ser realmente alcançado a todos, igualmente. Para John Rawls,[74] a eqüitativa igualdade de oportunidades, associada ao princípio da diferença, é um modo justo de

---

[71] Na concepção de Bezerra, os "direitos naturais", como o nome indica, são inerentes ao indivíduo e anteriores a qualquer contrato social, conferidos pela própria natureza do homem; os "direitos do homem" atendem ao caráter universal dos direitos naturais, válidos para todos os povos e em todos os tempos; "direitos do cidadão" são aqueles que os franceses elevaram ao nível constitucional, previstos na Declaração dos Direitos do Homem e do Cidadão; os "direitos fundamentais" são os direitos do homem jurídico, instutucionalmente garantidos e limitados no espaço e tempo. BEZERRA, Paulo César Santos, *Acesso à justiça*, p. 114.

[72] Na concepção de Bezerra, os "direitos naturais", como o nome indica, são inerentes ao indivíduo e anteriores a qualquer contrato social, conferidos pela própria natureza do homem; os "direitos do homem" atendem ao caráter universal dos direitos naturais, válidos para todos os povos e em todos os tempos; "direitos do cidadão" são aqueles que os franceses elevaram ao nível constitucional, previstos na Declaração dos Direitos do Homem e do Cidadão; os "direitos fundamentais" são os direitos do homem jurídico, instutucionalmente garantidos e limitados no espaço e tempo. BEZERRA, Paulo César Santos, *Acesso à justiça*, p. 114.

[73] CAPPELLETTI, Mauro; GARTH, Bryant. *Acesso à justiça*. Trad. Ellen Gracie Northfleet. Porto Alegre: Sergio Antonio Fabris, 1988, p. 8.

[74] RAWLS, John. *Uma teoria da justiça*. Trad. Vamirech Chacon. Brasília: Ed. UnB, 1981, p. 97.

arrostar a arbitrariedade da natureza, de modo que as instituições que aceitam essa teoria se tornam justas.

Lembram ainda Cappelletti e Garth[75] que a justiça, como outros bens, no sistema do *laissez-faire*, só podia ser obtida por aqueles que pudessem enfrentar seus custos; para aqueles que não pudessem fazê-lo, restava serem considerados os únicos responsáveis por sua sorte.

No entender de Benedito Espanha,[76] como o processo apresenta-se como meio de se administrar a justiça e de se garantir a ordem constitucional, deve ser alcançado a todos os cidadãos. O processo é uma instituição jurídica do Estado, um instrumento público, hábil e técnico, de composição do litígio jurídico pela função jurisdicional do Estado, que, por conseguinte, tem o dever, dentro dos limites de respeito ao poder jurídico e de liberdade de agir das partes e dentro dos limites de formalismo do Direito Positivo, de manter incólume o direito de cada um. Nesse propósito, "o Estado se arma e arma os indivíduos com o instrumento idôneo do processo, indo ao encontro e em defesa do direito daquele que se viu envolvido numa relação jurídica litigiosa".

Benedito Hespanha[77] esclarece ainda que justiça é um sentimento jurídico interior que se projeta para o exterior. A justiça interior não passa de justiça subjetiva; a justiça exterior é a justiça objetiva. A primeira é um ideal universal, sem o qual a vida da relação não teria finalidade; por ser um ideal a que se aspira e, portanto, inatingível, de certa forma, é alcançado por meio da justiça objetiva, que, na realidade prática, é a meta-valor do Direito de qualquer sociedade. Por isso, a justiça social é bem ou valor supremo almejado pelo Direito, a qual consiste em estar ao serviço do bem comum. No entendimento de Recásens Siches, a noção de justiça vem sempre ligada à de igualdade, "a balança de pratos nivelados".[78]

A problemática do acesso à justiça não pode ser estudada nos acanhados limites do acesso aos órgãos judiciais. O acesso não se

---

[75] CAPPELLETTI, Mauro; GARTH, Bryant, *Acesso à justiça*, p. 9.

[76] HESPANHA, *Tratado de teoria do processo*, p. 82.

[77] HESPANHA, op. cit., p. 154 e ss.

[78] RECÁSENS SICHES, Luís. *Estudios de filosofia del derecho*. Barcelona: Bosch, 1936, p. 289.

identifica com a mera admissão ao processo, ou a possibilidade de ingresso em juízo,[79] ou seja, não se trata, apenas, de possibilitar o acesso, mas esse acesso deve ser qualificado, possibilitando que os cidadãos se defendam adequadamente. De fato, como afirmam Mauro Cappelletti e Bryant Garth,[80] o direito ao acesso efetivo tem sido progressivamente reconhecido como sendo de importância capital entre os novos direitos individuais e sociais, uma vez que a titularidade de direitos é destituída de sentido na ausência de mecanismos para sua efetiva reivindicação. O "acesso" não é apenas um direito social fundamental, mas, também, o ponto central da moderna processualística, cujo estudo pressupõe um alargamento e aprofundamento dos objetivos e métodos da moderna ciência jurídica.

É o entendimento também de José Rogério Cruz e Tucci,[81] que, ao discorrer sobre as dilações indevidas no processo, afirma não bastar que se assegure o acesso aos tribunais e, conseqüentemente, o direito ao processo; delineia-se inafastável, também, a absoluta regularidade desse direito ao processo, com a verificação efetiva de todas as garantias resguardadas ao consumidor da justiça e dentro de um tempo justo para a consecução do escopo que lhe é reservado.

A Convenção Européia para Proteção dos Direitos Humanos e Liberdades Fundamentais reconhece, em seu art. 6°, § 1°, que a justiça que não cumpre suas funções dentro de um prazo razoável é, para muitas pessoas, uma justiça inacessível:

> Ogni persona ha diritto a che la sua causa sia esaminata equamente, pubblicamente ed entro un termine ragionevole da un tribunale indipendente e imparziale, costituito per legge, il quale deciderà sia delle controversie sui suoi diritti e doveri di carattere civile, sia della fondatezza di ogni accusa penale che le venga rivolta. La sentenza deve essere resa pubblicamente, ma l'accesso alla sala d'udienza può essere vietato alla stampa e al pubblico durante tutto o parte del processo nell'interesse della morale, dell'ordine pubblico o della sicurezza nazionale in una società democratica, quando lo esigono gli interessi dei minori o la protezione della vita privata delle parti in causa, o nella misura giudicata strettamente necessaria dal

---

[79] DINAMARCO, Cândido Rangel; CINTRA, Antônio Carlos de Araújo; GRINOVER, Ada Pellegrini: *Teoria geral do processo*. São Paulo: Malheiros, 1998, p. 33.

[80] CAPPELLETTI, Mauro; GARTH, Bryant, *Acesso à justiça,* p. 10 e ss.

[81] CRUZ E TUCCI, José Rogério. Garantia do processo sem dilações indevidas. In: CRUZ E TUCCI (Org.). *Garantias constitucionais do processo civil*, p. 9.

tribunale, quando in circostanze speciali la pubblicità puó pregiudicare gli interessi della giustizia.[82]

Nessa perspectiva, os Juizados Especiais são considerados um notável meio de acesso à justiça. Todavia, como se assinalará adiante, um acesso somente quantitativo, não qualitativo; um procedimento, do ponto de vista constitucional, especial para o cidadão comum, diferenciado dos demais.

A Defensoria Pública também traduz um exemplo de efetivação dessa garantia. Além de propiciar o acesso à justiça por meio da assistência jurídica para quem comprova insuficiência de recursos para tanto, também efetiva a garantia de assistência judiciária.

De outra banda, como bem observa Bezerra ao discorrer sobre o acesso à justiça numa visão sociológica, o processo tem, sobretudo, função política no Estado social. Por isso, deve ser organizado, entendido e aplicado como instrumento de garantia constitucional, assegurando a todos pleno acesso à tutela jurisdicional, como uma das vias de acesso à justiça que há de se manifestar sempre como atributo de uma tutela justa.

O fenômeno do acesso à justiça deve ser compreendido em sua totalidade. O uso equivocado do sentido de acesso à justiça através de uma única visão possível, a saber a via judicial, é fruto de preconceito fortemente arraigado.[83] Nesse sentido é a interpretação da

---

[82] A Convenção Européia para Proteção dos Direitos Humanos e Liberdades Fundamentais conta, atualmente, com a ratificação de 43 países, sendo que a Rússia (05.05.1998), a Geórgia (20.05.1999), o Azerbaijan (15.04.2002) e a Armênia (26.04.2002) foram os últimos quatro países a apoiarem. Disponível em http://www.dirittiuomo.it/Convenzione/convenzione2.htm. Acesso em: 21 out. 2003: Toda pessoa tem direito que sua causa seja examinada eqüitativa e publicamente, dentro de um tempo razoável e de um tribunal independente e imparcial, estabelecido por lei, o qual decidirá, quer sobre a determinação dos seus direitos e obrigações de caráter civil, quer sobre o fundamento de qualquer acusação em matéria penal dirigida contra ela. O julgamento deve ser público, mas o acesso à sala de audiência pode ser proibido à imprensa ou ao público durante a totalidade ou parte do processo no interesse da moral, da ordem pública ou da segurança nacional numa sociedade democrática, quando assim exigem os interesses dos menores ou a proteção da vida privada das partes no processo, ou na medida julgada estritamente necessária pelo tribunal, quando em circunstâncias especiais a publicidade pudesse ser prejudicial para os interesses da justiça. (Tradução nossa).

[83] BEZERRA, *Acesso à justiça*, p. 188.

Lei dos Juizados Especiais Cíveis para alguns doutrinadores,[84] posição da qual se discorda. O acesso à justiça não pode simplesmente ser alcançado aos cidadãos através do acesso a uma ação, sem que lhe seja assegurado um procedimento adequado, de acordo com os ditames constitucionais, ou seja, conforme as garantias necessárias para que, por exemplo, as partes possam defender-se e produzir provas para influenciar o livre convencimento do juiz.

Quando o acesso à justiça é negado a determinados segmentos da sociedade, obviamente os mais pobres, a comunidade cria meios específicos de solução de seus conflitos e satisfação de seus direitos. Essa prática reiterada cria um direito não-oficial, paralelo, como acontece com as relações estabelecidas no interior das favelas.[85]

Ao contrário do que várias decisões judiciais[86] demonstram, o acesso à justiça, além de ser um direito supraconstitucional, não se concretiza somente com a dispensa de custas (assistência judiciária) e assistência advocatícia (assistência jurídica), como se verifica na maioria dos juízos. Para que o acesso à justiça não seja meramente formal, o que seria pensar numa perspectiva leiga, deve ir ao encontro dos direitos já consagrados nas leis e, em especial, na Constituição Federal. Como afirmam Mauro Cappelletti e Bryant Garth,[87] a garantia ao acesso à justiça é o mais básico dos direitos humanos; é requisito fundamental de um sistema jurídico moderno e igualitário, que pretenda, efetivamente, garantir, não apenas proclamar os direitos de todos.

Outrossim, numa perspectiva técnico-jurídica,[88] o acesso à justiça em seu sentido formal deve oferecer a mais ampla admissão de pessoas e causas ao processo (universalidade da jurisdição), garantir a todas a obediência ao devido processo legal e à legitima

---

[84] CINTRA, Antônio Carlos de Aruújo; GRINOVER, Ada Pellegrini; DINAMARCO, Cândido Rangel. *Teoria geral do processo*. 17. ed. São Paulo: RT, 1998.

[85] BEZERRA, op. cit., p.105.

[86] RIO GRANDE DO SUL. Extinto Tribunal de Alçada do Rio Grande do Sul. Processo nº 190021428 de 19/04/90, Processo nº 190009365 de 19/04/90, Processo nº 1900033118, de 10/04/90.

[87] CAPPELLETTI, Mauro; GARTH, Bryant, *Acesso à justiça*, p.12.

[88] Para Bezerra, o acesso à justiça pode ser analisado em diversos aspectos, em várias perspectivas: "De fato, o estudo do acesso à justiça terá conotações diferenciadas, conforme seja feito por um leigo, um jurista dogmático, um sociólogo, um filósofo ou um político". BEZERRA, *Acesso à justiça*, p.124.

defesa, assim como possibilitar intensa participação na formação do convencimento do juiz que julga a causa.

Para a efetividade do processo, como comentam Dinamarco, Cintra e Grinover.[89] assim cumprindo sua missão social de eliminar conflitos e fazer justiça, é preciso, de um lado, tomar consciência dos escopos motivadores de todo sistema, tais como: a) a admissão ao processo (ingresso em juízo), eliminando-se as dificuldades econômicas que impeçam ou desanimem as pessoas; b) o modo-de-ser do processo (observação do devido processo legal); c) a justiça das decisões (critérios justos de apreciação de provas, enquadramento dos fatos em normas jurídicas); d) a utilidade das decisões (dando a quem tem direito tudo e precisamente aquilo que tem direito de obter).

Assim, o processo e a garantia de seus predicamentos aparecem como instrumento de atuação da justiça, sendo o devido processo legal meio de efetivação do acesso à justiça, ambos alçados ao nível de direito fundamental. Entretanto, com tal afirmação não se quer apenas vislumbrar o aspecto formal do acesso à justiça, que, como já visto, também significa a garantia dos direitos fundamentais. Não basta a garantia do acesso à justiça compreendida apenas como ingresso do pleito frente ao Judiciário, mas, sim, deve ser qualitativo, ou seja, deve efetivar o direito processual e material legitimando o exercício da função jurisdicional, atendendo ao devido processo legal, garantia esta que assegura um procedimento adequado com determinados postulados constitucionais.

2.2. Devido processo legal

O devido processo legal é princípio fundamental do processo civil e serve como instrumento para a efetivação de todos os demais princípios processuais, traduzindo-se num efetivo acesso à justiça, esse entendido em seu sentido *lato sensu*, ou, como a expressão adotada neste estudo, um acesso à justiça qualitativo.

---

[89] CINTRA, Antônio Carlos de Araújo; GRINOVER, Ada Pellegrini; DINAMARCO, Cândido Rangel, *Teoria geral do processo*.

Devido processo legal é expressão oriunda da inglesa *due process of law*. A *Magna Charta* de João Sem Terra, do ano de 1215, que continha exemplos de institutos originais e eficazes do ponto de vista jurídico, teria sido o primeiro ordenamento a mencionar, de forma implícita, a referida locução, mas somente na esfera do processo penal, em seu aspecto protetivo.

Foi a Constituição Federal americana de 1787 que incorporou o princípio do *due process of law*, embora, antes disso, algumas constituições estaduais daquele país já o tivessem consagrado. A partir daí, então, o direito constitucional no sistema do *common law*, como a Suprema Corte dos Estados Unidos, passou a respeitar e conceder eficácia ao *due process of law* com determinação e firmeza. Em outras palavras, a corte, a partir da promulgação da Constituição de 1787, passou a interpretar a cláusula *due process* de sorte a solucionar os casos concretos que lhe eram submetidos.[90]

No sistema jurídico brasileiro, a garantia do devido processo legal foi positivada com a Constituição Política de 1988, em seu artigo 5º, inciso LIV, nos seguintes termos: "ninguém será privado da liberdade ou de seus bens sem o devido processo legal". Até então, nenhuma das constituições anteriores havia previsto expressamente tal princípio. Com a positivação constitucional, desse princípio, passou-se a discutir acerca de sua densificação e significação no contexto jurídico brasileiro, e não mais sobre sua presencialidade normativa.

Todo cidadão que sofre lesão ou ameaça de direito está autorizado a utilizar o devido processo legal. A vida, para se garantir o mínimo de dignidade, precisa de ordenamento, mesmo porque seria impossível entre indivíduos livres, em sociedade, viver sem solução de seus litígios. Então, o "processo é este mínimo de liberdade que o Estado dá a cada indivíduo, no sentido de impelir as partes a resolverem publicamente as suas relações jurídicas litigiosas".[91]

Assim, em decorrência da natureza dialética e dinâmica do processo, o Estado cria constitucionalmente, conforme já exposto, o direito de ação, que é também um direito público subjetivo o qual

---

[90] NERY JUNIOR, Nelson. *Princípios do processo civil na Constituição Federal*. 7. ed. São Paulo: RT, 2002.

[91] HESPANHA, *Tratado de teoria do processo*, p. 93.

dá ao titular da pretensão jurídica o direito da tutela jurisdicional através do processo. Esse direito de ação deve sempre vir acompanhado do devido processo legal, que visa a assegurar a liberdade e igualdade das posições entre as partes no processo.

> O devido processo legal é uma expressão significativa do Estado de Direito, impondo ao titular do poder o dever de desenvolver-se sem afetar arbitrariamente os direitos fundamentais do indivíduo, que são tutelados pela cláusula – "a liberdade e os seus bens" –, de modo a contribuir eficazmente par ao estabelecimento do Estado Democrático de Direito.[92]

A inclusão do devido processo legal no texto constitucional ainda é muito comemorada, pois sua explicitude do novo texto alcançou a Carta ao nível das mais avançadas do mundo em termos de garantia da tutela jurisdicional. "Aquilo que se deduzia da análise sistemática e indireta dos princípios implícitos é agora proclamado aos quatro ventos por enunciados de meridiana clareza".[93]

Calmon de Passos enfatiza que o devido processo legal ganhou nova dimensão, revestindo-se do caráter mais abrangente de "devido processo constitucional". Recordando os ensinamentos de Andréa Proto Pisami, o autor salienta que, "assim como o direito processual não poderia existir sem o direito material, igualmente o direito material, deve-se acrescentar, não poderia existir sem o direito processual". Portanto, há uma dependência recíproca entre direito material e direito processual. Prosseguindo em sua análise, Calmon de Passos esclarece que o escopo do processo é, precisamente, assegurar o que, e tão só, foi prometido pelo direito material, sem poder desvirtuar-se para outro objetivo nem deixar de estar a serviço desse objetivo.

> [...] Compreendido o direito como algo não *dado* aos homens pela natureza mas por eles *produzido*, revelou-se fundamental entender-se o processo de sua produção, que se percebeu ter matrizes políticas, devendo, portanto, para legitimar-se, adequar-se a quanto *estabelecido constitucionalmente para sua produção*, em qualquer dos seus níveis. [...] *Em resumo, não há um direito independente do processo*

---

[92] LIMA, Maria Rosynete Oliveira. *Devido processo legal*. Porto Alegre: Sergio Antonio Fabris, 1999, p. 291.

[93] THEODORO JÚNIOR, Humberto. A garantia do devido processo legal e o exercício do poder de cautela no direito processual civil. *Revista dos Tribunais*, n. 665, mar. 1991, p. 11 e ss.

de sua enunciação, o que equivale a dizer-se que o direito pensado e o processo do seu enunciar fazem um.[94] (Grifo no original).

Portanto, entende-se o devido processo legal tanto no aspecto procedimental (perante o Judiciário) quanto no aspecto substantivo (perante os poderes Executivo e Legislativo). Não é simplesmente uma garantia processual, visto que contém um aspecto substantivo que instrui qualquer atuação restritiva do Estado nos direitos fundamentais tutelados a fim de evitar intromissões arbitrárias. A positivação do devido processo legal no texto constitucional de 1988 "tem provocado um rompimento no dogmatismo processual, fazendo com que suas regras formais sejam vivificadas pelos preceitos constitucionais".[95] Assim agindo, obtém-se uma visão unitária do ordenamento jurídico, pela qual se interpreta a norma em conformidade com a Constituição.

Considerando tal concepção, surgem determinados subprincípios, chamados a concretizar o devido processo legal. Maria Rosynete esclarece que tais subprincípios "não são colorários, deduções, ou conseqüências do princípio do devido processo legal, mas princípios, que têm um grau de concretização mais elevado". Por isso, a autora denomina-os de "subprincípios", não os considerando subespécies do devido processo legal. "A independência, e não dedutibilidade, destes subprincípios é visível na medida em que podem servir para concretizar, ou realizar, mais de um princípio, além de poderem gozar também de outros subprincípios que o concretizam".[96]

A garantia do devido processo legal efetiva ao cidadão o direito ao processo, mas o direito a um processo em consonância com os ditames constitucionais, ou seja, de acordo com determinadas garantias constitucionais processuais, que, de um lado, asseguram às partes o exercício de seus direitos subjetivos e processuais e, de outro, são indispensáveis ao exercício da jurisdição de acordo com os ditames constitucionais.

Por conseguinte, o devido processo legal, além de significar a igualdade de tratamento entre as partes em decorrência de um

---

[94] PASSOS, J.J. Calmon de. Instrumentalidade do processo e devido processo legal. *Revista de Processo*, São Paulo: RT. n. 102, ano 26, abr./jun. 2001, p. 59 e ss.

[95] LIMA, *Devido processo legal*, p. 180.

[96] LIMA, *Devido processo legal*, p. 181.

processo judicial com a finalidade de propiciar uma solução justa do processo – sentido processual, também vincula o Poder Legislativo em sua primordial tarefa de elaborar leis, vinculando-as às normas constitucionais – sentido substantivo. A lei deve ser formada de acordo com os ditames constitucionais, pois, como já se viu, esses emanam da sociedade; a legislação é uma função de atuação dos direitos e da justiça totalmente vinculada aos princípios constitucionais. O devido processo legal constitui-se, pois, em referência de constitucionalidade, quando o legislador, a pretexto de conformar determinado direito fundamental, acaba por atingir seu núcleo essencial.[97]

Com efeito, a garantia do devido processo legal vai além de instrumento de controle de legalidade, pois seu alcance serve também de "limite constitucional à imposição judicial ou administrativa de ordens ou decisões legislativas ou governamentais, que se afigurem contrárias ao direito", e de proteção processual-constitucional do cidadão contra eventuais abusos praticados pelo Estado. Ada Pellegrini Grinover,[98] em 1985, já incentivava determinado comportamento do juiz na condução das ações judiciais, pois assegurar às partes o direito à prova e às atividades instrutórias (lato sensu) em geral não é suficiente: não basta que toda a atividade instrutória seja produzida em contraditório, que a autoridade jurisdicional presida à colheita de todas as provas, nem que o livre convencimento do juiz se baseie exclusivamente sobre as provas produzidas judicialmente. É necessário que o juiz estimule e promova um contraditório efetivo e equilibrado, cabendo-lhe verificar se a atividade defensiva, no caso concreto, foi adequadamente desempenhada pela utilização de todos os meios necessários para influir sobre seu consentimento, sob pena de se considerar o réu indefeso e o processo, irremediavelmente viciado.

Assim, para a realização do devido processo legal em seu âmbito substantivo, conforme Maria Rosynete, é essencial a atenção a dois postulados:[99] o da proporcionalidade (de origem germânica)

---

[97] LIMA, op. cit., p. 234.

[98] GRINOVER, Ada Pellegrini. *O processo constitucional em marcha e as garantias constitucionais do direito de ação.* São Paulo: Max Limonad, 1985, p. 20.

[99] Humberto Bergmann Ávila afirma que proporcionalidade e razoabilidade são *postulados normativos aplicativos* (p.82). *Postulados normativos* são normas imedia-

e o da razoabilidade (de origem norte-americana).[100] É necessário proteger as garantias constitucionais do cidadão contra qualquer modalidade de legislação, e deve haver um equilíbrio entre essas garantias e o exercício do poder estatal.

Carlos Roberto Siqueira de Castro[101] assinala que o "postulado da 'razoabilidade das leis' promana forçosamente da aplicação de caráter 'substantivo' (substantive due process) da cláusula do

tamente metódicas, que estruturam a interpretação e aplicação dos princípios e regras mediante a exigência, mais ou menos específica, de relações entre elementos (bens, interesses, valores, direitos, princípios, razões) com base em critérios. (p.120). Entretanto, além de haver a harmonização entre elementos, exige-se a proibição do excesso, que estabelece que a realização de um elemento não pode resultar na aniquilação de outro. Humberto cita dois tipos de postulados normativos: os *postulados inespecíficos (ou incondicionais)*, os quais se constituem em meras idéias gerais, despidas de critérios orientadores da aplicação; e os *postulados específicos (ou condicionais)*, os quais são relacionados a elementos com espécies determinadas, como exemplo, os postulados da proporcionalidade e da razoabilidade (p.85). "O *postulado da razoabilidade* aplica-se, primeiro, como diretriz que exige a relação das normas gerais com as individualidades do caso concreto, quer mostrando sob qual perspectiva a norma deve ser aplicada, quer indicando em quais hipóteses o caso individual, em virtude de suas especificidades, deixa de se enquadrar na norma geral. Segundo, como diretriz que exige uma vinculação das normas jurídicas com o mundo ao qual elas fazem referência, seja reclamando a existência de um suporte empírico e adequado a qualquer ato jurídico, seja demandando uma relação congruente entre a medida adotada e o fim que ela pretende atingir. Terceiro, como diretriz que exige a relação de equivalência entre duas grandezas". "O *postulado da proporcionalidade* aplica-se nos casos em que exista uma relação de causalidade entre um meio e um fim concretamente perceptível. A exigência de realização de vários fins, todos constitucionalmente legitimados, implica a adoção de medidas adequadas, necessárias e proporcionais em sentido estrito" (p.121). (*Teoria dos princípios:* da definição à aplicação dos princípios jurídicos. 2. ed. São Paulo: Malheiros, 2003).

[100] Na visão de Maria Rosynete Oliveira Lima, com arrimo em EMILIOU, Nicholas (*The principle of proporcionality in european law*, London, *Kluwer Law international*, 1996, p. 39), a proporcionalidade diz respeito a uma comparação entre duas variáveis: meio e fim, de acordo com padrões de adequação, necessidade e proporcionalidade *stricto sensu*, os quais proporcionam uma avaliação objetiva entre as ferramentas utilizadas e os fins perseguidos pelo ato. Enquanto a proporcionalidade trabalha com componentes objetivos, na razoabilidade as variáveis são subjetivas, englobam todas as circunstâncias do caso. A razoabilidade não tem como requisito uma relação entre dois ou mais elementos, mas representa um padrão de avaliação geral. (*Devido processo legal*, p. 282).

[101] CASTRO, Carlos Roberto de Siqueira. *O devido processo legal e a razoabilidade das leis na nova Constituição do Brasil*. 2. ed. Rio de Janeiro: Forense, 1989, p. 380.

devido processo legal, a ser empreendida com criatividade e senso de justiça pelos órgãos incumbidos da salvaguarda da supremacia da Constituição". No entanto, o limite do princípio da proporcionalidade encontra-se no princípio da isonomia. Ambos devem ser aplicados de forma concomitante e harmônica, pois a igualdade de tratamento deve ser proporcional entre as partes.

Com base em Calmon de Passos,[102] infere-se que, para a realização efetiva da garantia do devido processo legal, é indispensável a presença de três condições: "a) só é devido processo legal o processo que se desenvolve perante um juiz imparcial e independente; b) não há processo legal devido sem que se assegure o acesso ao judiciário; c) [...] as duas garantias precedentes se mostram insuficientes se não assegurado às partes o contraditório".

Desse modo, no tocante ao devido processo legal em sua perspectiva procedimental, é essencial que o juiz assegure às partes a efetividade de outros princípios previstos constitucionalmente, como o contraditório e a ampla defesa (art. 5, inc. LV), o julgamento por um juiz natural (art. 5, inc. XXXVII e LIII), o segundo grau de jurisdição, a igualdade processual entre as partes (art. 5, inc. 1º), a publicidade e a motivação das decisões judiciárias (art. 5, inc. LX, e art. 93, inc. IX), a proibição de provas obtidas por meios ilícitos (art. 5, inc. LVI), e a inviolabilidade do domicílio e do sigilo das comunicações em geral (art. 5, inc. XI, e art. 52, inc. XII).

Em síntese, como conclui José Rogério Cruz e Tucci em artigo sobre as dilações indevidas do processo, a garantia constitucional do devido processo legal deve ser uma realidade durante as múltiplas etapas do processo judicial, de sorte que ninguém seja privado de seus direitos. Nesse contexto, como dito no tópico precedente, pode-se afirmar que o devido processo legal se apresenta como um instrumento de efetivação da garantia de acesso à justiça, sem o qual não haverá acesso, ou, ainda, não se estabelecerá um acesso qualitativo, ou seja, de modo a cumprir o Estado Democrático de Direito estabelecido constitucionalmente. É nesse diapasão que tal princípio deve ser entendido.

---

[102] PASSOS, J.J. Calmon de. *O devido processo legal e o duplo grau de jurisdição*. São Paulo: Saraiva, 1981, p. 86.

2.2.1. Princípio do contraditório e da ampla defesa

O devido processo legal tem como um de seus aspectos mais importantes, mas, frisa-se, não o único, o contraditório e a ampla defesa, ambos previstos no art. 5º, inc. LV, da Constituição Federal. Trata-se de um direito fundamental que consiste na possibilidade de uma das partes se insurgir contra a pretensão deduzida pela outra parte, de forma a assegurar a ampla defesa durante toda a relação jurídico-processual, ou seja, sempre que uma parte se manifestar, deve-se conceder a oportunidade à outra para contraditar.

É através do princípio do contraditório que se concretiza a garantia à igualdade das partes, pois trata-se de um postulado democrático pelo qual ninguém pode ser julgado sem ser ouvido. O direito ao contraditório é assegurado constitucionalmente em decorrência da igualdade de todos perante a lei. A respeito, Guerra Filho[103] lembra que, na mais recente doutrina italiana sobre a natureza jurídica do processo, desenvolvida pelos professores da Universidade de Roma N. Picardi e E. Fazzalari, o processo nada mais seria que um procedimento caracterizado pela presença do contraditório, isto é, no qual, necessariamente, deve-se buscar a participação daqueles, cuja esfera jurídica pode vir a ser atingida pelo ato final desse procedimento.

Em consonância com essa noção, tem-se o inc. LV do art. 5º da Constituição, que determina a observação do contraditório em todo processo judicial. Conforme Ingo Wolfang Sarlet,[104] a ampla defesa trata-se de direito formal e materialmente fundamental, norma de eficácia plena. Daí se poder afirmar que não há processo sem respeito efetivo do contraditório, o que remete à garantia do pleno acesso ao Judiciário.

No entanto, o contraditório não se exaure na resposta, na contestação, visto que também se estende a outros atos processuais que impliquem a defesa, pois o texto constitucional, ao garantir aos litigantes o contraditório e a ampla defesa, quer traduzir que tanto o direito de ação como o direito de defesa são manifestações do

---

[103] GUERRA FILHO, *Teoria processual da constituição*, p. 42.

[104] SARLET, Ingo Wolfang. *Eficácia dos direitos fundamentais*. Porto Alegre: Livraria do Advogado, 1998, p. 84.

princípio do contraditório. Então, se a parte requerer determinadas medidas, como requisição de processo, certidões, informações e oitiva de testemunha, e essas lhe são negadas sem fundamentação, cerceia-se a defesa e impede-se o contraditório.

Tal princípio tem alcance a todos aqueles que tiverem alguma pretensão de direito material a ser deduzida no processo. É inerente às partes litigantes – pessoa física ou jurídica – como também aos assistentes litisconsorciais e simples e ao Ministério Público. Essa igualdade de armas (*Waffengleichheit*) visa a conferir às partes as mesmas oportunidades (*Chancengleichheit*) e os mesmos instrumentos processuais (*Waffengleichheit*) para que possam, segundo Nelson Nery Júnior,[105] fazer valer seus direitos e pretensões, v.g., ajuizando ação, deduzindo resposta, requerendo e realizando provas e recorrendo das decisões judiciais.

2.2.2. Princípio da isonomia (igualdade)

O princípio da isonomia, inscrito no art. 5º, inc. I, da Constituição Federal, traduz-se, por um lado, na proibição de privilégios e de discriminações por uma das partes, ou seja, nenhuma das partes pode ter vantagens. O tratamento paritário deve ser isonômico, sem diferenciações processuais. Como doutrina Roberto Rosas,[106] a igualdade é uma garantia político-constitucional do indivíduo, um meio técnico de que a lei se vale para a condução do processo e para garantir os fins da justiça. As partes interessadas é que devem fornecer a matéria de fato válida para definir a instrução.

O princípio da igualdade entre as partes, segundo ensinamentos de Jorge Miranda,[107] tem vários sentidos, entre os quais: a) tratamento igual de situações iguais (ou tratamento semelhante de situações semelhantes); b) tratamento desigual em situações desiguais; c) tratamento desigual que, consoante os casos, se converte

---

[105] NERY JUNIOR, *Princípios do processo civil na Constituição Federal*, p. 153.

[106] ROSAS, Roberto. *Direito processual constitucional*: princípios constitucionais do processo civil. São Paulo: RT, 1983, p. 30.

[107] MIRANDA, Jorge. Constituição e processo civil. *Revista de Processo*, São Paulo: RT, ano 25, n. 98, abr./jun. 2000, p. 35.

para o legislador ora em mera faculdade, ora em obrigação; d) tratamento igual ou semelhante, em moldes de proporcionalidade, das situações desiguais relativamente iguais ou semelhantes; e) tratamento das situações não apenas como existem, mas também como devem existir, de harmonia com os padrões da Constituição material (acrescentando-se, assim, uma componente ativa ao princípio e fazendo da igualdade perante a lei uma verdadeira igualdade através da lei). As partes que pedem justiça devem ser vistas num processo de absoluta paridade de condições.[108]

Roberto Rosas[109] explicita ainda a diferença existente entre igualdade perante a lei e igualdade na lei: "A primeira significa a obediência das normas jurídicas gerais aos casos concretos, segundo o estabelecido por elas (isonomia formal). A segunda não admite que as normas jurídicas tragam distinções não admitidas pela própria constituição, isto é, tanto o legislador quanto o aplicador da lei não poderiam desigualar".

Por sua vez, Jorge Miranda[110] também cita os problemas de igualdade que podem suscitados em diversos momentos e domínios, designadamente: no acesso aos tribunais, na garantia do patrocínio judiciário, na utilização dos meios de iniciativa processual, nos prazos, na prática dos atos próprios das diversas fases do processo, no exercício do contraditório, no conhecimento e na eficácia das decisões, nas reclamações, nos recursos e noutras formas de impugnação ou de aclaração, nos meios de efetivação dos direitos declarados por decisões com trânsito em julgado.

A efetividade do contraditório, portanto, não pode ser postergada. As partes devem ser intimadas para todos os atos processuais, devendo-lhes ser facultado pronunciamento sobre os documentos e provas produzidas pela parte contrária, bem como os recursos contra decisões que tenham causado gravame, inclusive com a possibilidade de impetrar agravo de instrumento.

---

[108] CHIOVENDA, Giuseppe. *Instituizioni di diritto processuale civile*. 2. ed. Napoles: Dott. Eugenio Jovene, 1960, v. 1, p. 90 e ss.

[109] ROSAS, *Direito processual constitucional:* princípios constitucionais do processo civil, p. 22.

[110] MIRANDA, Constituição e processo civil. *Revista de Processo*, p. 35.

2.2.3. Princípio da publicidade

O princípio da publicidade dos atos processuais e das decisões dos órgãos do Poder Judiciário é outra garantia conferida pela Constituição Federal, no art. 5º, inc. LX, e no art. 93, inc. IX. Segundo esses artigos, a lei só poderá restringir a publicidade dos atos processuais quando a defesa da intimidade ou o interesse social o exigirem. Da mesma forma, a lei só poderá limitar a presença em determinados atos das próprias partes e de seus advogados, ou somente destes, se o interesse público o exigir.

Para Grinover, Cintra e Dinamarco,[111] o princípio da publicidade "constitui uma preciosa garantia do indivíduo no tocante ao exercício da jurisdição. A presença do público nas audiências e a possibilidade do exame dos autos por qualquer pessoa representam o mais seguro instrumento de fiscalização popular sobre a obra dos magistrados e defensores". Tal princípio é imprescindível para a efetivação do Estado Democrático de Direito, pois é por meio da publicidade que se dá a transparência de todos os atos, sejam do Poder Judiciário, do Executivo ou do Legislativo. Desse modo, também funciona como limitador de arbitrariedades, falcatruas, ilegalidades ou abuso de poder.

Por outro lado, cabe salientar que o princípio da publicidade também deve ser limitado em determinados casos por entrar em conflito com outros bens jurídicos relevantes, como a intimidade, a vida privada, a honra e a imagem das pessoas, as quais são invioláveis por disposição do art. 5ª, inc. V, da Constituição Federal, sob pena de causar afronta à dignidade da pessoa humana.

2.2.4. Princípio do duplo grau de jurisdição

Em relação ao princípio do duplo grau de jurisdição, há o entendimento de que se trata de princípio implícito. Embora não esteja previsto expressamente na Constituição, este princípio decorre da

---

[111] CINTRA, Antônio Carlos de Araújo; GRINOVER, Ada Pellegrini; DINAMARCO, Cândido Rangel, *Teoria geral do processo*, p. 37.

interpretação da própria estrutura recursal, do sistema de competências, indicada no próprio texto constitucional, apresentando-se, inclusive, com meio de garantia ao princípio da legalidade e como instrumento de segurança, controle e isonomia. Contudo, a partir da leitura das opiniões divergentes, verifica-se que tal entendimento não é pacífico.

Djanira Maria Radamés de Sá[112] nega ao duplo grau de jurisdição caráter de garantia constitucional, argumentando que se trata "de mera regra de organização judiciária, não contingente e não dependente da cláusula do devido processo legal, da qual não é elemento essencial, mas acidental". Todavia, ao fundamentar sua posição, registra que "é mais provável não estarem os critérios da justiça e segurança presentes numa decisão única, comprometendo, essa ocorrência, a própria identidade do Estado de Direito quanto aos seus fins". Por fim, a autora infere que um reexame da decisão torna-se imperativo, e é nesses limites, de assegurar ao vencido uma única revisão da sentença que lhe foi desfavorável, "que se considera o duplo grau de jurisdição como garantia de ordem constitucional diretamente derivada da cláusula do devido processo legal e, conseqüentemente, indispensável à consecução dos fins últimos do Estado pelo afastamento da possibilidade de manifestação do arbítrio".[113]

No entendimento de Luiz Guilherme Marinoni,[114] o duplo grau não é fundamental para a correta distribuição da justiça e afirma que a tutela antecipatória certamente não seria tão sentida se o direito brasileiro não cultuasse, de forma exagerada e indevida, o duplo grau de jurisdição.

Assim, não obstante tal entendimento, também é numeroso e respeitável o rol dos que entendem ser o duplo grau de jurisdição uma derivação da própria organização constitucional do Poder Judiciário, seja em razão da previsão de tribunais competentes para

---

[112] SÁ, Djanira Maria Radamés de. *Duplo grau de jurisdição*. Conteúdo e alcance constitucional. São Paulo: Saraiva, 1999, p. 99.

[113] SÁ, Djanira Maria Radamés de, *Duplo grau de jurisdição*, p. 101.

[114] MARINONI, Luiz Guilherme. *Tutela antecipatória, julgamento antecipado e execução imediata da sentença*. 4. ed., rev., atual. e ampl. São Paulo: RT, 2000, p. 208.

o julgamento de recursos ordinários ou extraordinários,[115] seja de outras garantias constitucionais, quer a da ampla defesa, do devido processo legal, da legalidade e da isonomia.[116] Entre esses, Mendonça Lima[117] entende que, além de sua função jurídico-processual, o princípio do duplo grau de jurisdição exerce ainda uma finalidade eminentemente política, como meio de resguardar as liberdades individuais contra o arbítrio, o despotismo e as fraquezas dos juízes de primeira instância, que, pelas condições ambienciais, podem se tornar mais sensíveis às influências dos que têm "poder", refletindo na preservação dos próprios direitos individuais.

Acrescenta-se a tal posição o pensamento de Amaral Santos, o qual afirma que "a possibilidade do reexame recomenda ao juiz inferior maior cuidado na elaboração da sentença e o estímulo ao aprimoramento de suas aptidões funcionais, como título para sua ascensão nos quadros da magistratura".[118] Assim, o princípio do duplo grau de jurisdição, conforme já afirmado, também serve de instrumento de controle por via dos recursos da atividade jurisdicional.[119]

Vicente Greco Filho,[120] em 1977, já afirmava que tal princípio decorria do sistema constitucional. A Constituição, ao definir a competência dos tribunais superiores do país, atribui a função de julgar "em grau de recurso" em diversas passagens. Leciona ainda o autor que o juízo único sem possibilidade de recurso gera grave risco de decisão injusta, pois o sistema ideal é o da dupla apreciação.

---

[115] LIMA, Alcides de Mendonça. *Introdução aos recursos cíveis*. São Paulo: RT, 1976, p. 140.

[116] Cfe. PASSOS, O devido processo legal e o duplo grau de jurisdição. *Revista Forense*; SÁ, *Duplo grau de jurisdição*, p. 3; MARQUES, J. Frederico. *Introdução ao direito processual civil*. Rio de Janeiro: Forense, v. IV, p. 265, parágrafo 10001960; GRINOVER, Ada Pellegrini. *Os princípios e o código de processo civil*. Bushatsky, 1973, p. 143; NERY JR., Nelson. *Recursos no processo civil*. São Paulo: RT, 1993, p. 260.

[117] LIMA, Alcides de Mendonça. Os princípios informativos no código de processo civil. *Revista de Processo*, n. 34, ano 9, abr./jul. 1984, p. 135.

[118] SANTOS, Moacyr Amaral. *Primeiras linhas do direito processual civil*. 3. ed. São Paulo: Saraiva, 1979, v. 3, p. 77 e ss.

[119] DINAMARCO, Cândido Rangel; CINTRA, Antônio Carlos de Araújo e GRINOVER, Ada Pellegrini, *Teoria geral do processo*, 1998.

[120] GRECO FILHO, Vicente. *Os direitos individuais e o processo judicial*. São Paulo: Atlas, 1977, v. 6, p. 79. (Coleção Universitária de Ciências Humanas).

Não obstante tais alegações, o ministro Sepúlveda Pertence, ao relatar o recurso ordinário em *habeas corpus*,[121] afirmou não ser fácil no Brasil "alcançar, *de lege data*, o duplo grau a princípio e garantia constitucional", pois são muitas as previsões na própria Constituição de julgamentos de única instância na área cível e penal, o que acaba por esvaziar a alegação de princípio implicitamente acolhido e observado pela Constituição.[122] Com isso, afirma ainda o jurista, que não há como conceber ao duplo grau a clássica eficácia instrumental defendida por alguns, qual seja, a possibilidade de um reexame integral da sentença de primeiro grau, o qual seria confiado a órgão diverso do que a proferiu e de hierarquia superior na ordem judiciária. Reconhece, entretanto, que o duplo grau é um princípio geral do processo quase universalmente aceito.

Ainda o ministro reporta-se à posição de Nelson Nery Junior,[123] para o qual – partindo-se da leitura do art. 8[o][124] da Convenção Americana de Direitos Humanos (Pacto de San José da Consta Rica), de 22.11.1969, da qual o Brasil é signatário e já fez ingressar em seu direito interno[125] – a adoção da garantia do duplo grau de jurisdição não alcança o direito processual como um todo, o duplo grau existe no âmbito do direito processual penal, não do direito processual do trabalho e civil. Para Nelson Nery Junior, há somente mera previ-

---

[121] BRASIL. Supremo Tribunal Federal. Recurso Ordinário em Habeas Corpus, nº 79.785-7, ementário nº 2092-2.

[122] Nesse sentido, votos proferidos pelo ministro Sepúlveda Pertence na ADInMC 675, DJ 20.06.97 e no HC 71.124, 1ª Turma, 28.06.94, DJ 23.09.94.

[123] NERY JUNIOR, *Princípios do processo civil na Constituição Federal*, p. 158 e ss.

[124] "Artículo 8. Garantías Judiciales – 1. Toda persona tiene derecho a ser oída, con las debidas garantías y dentro de un plazo razonable, por un juez o tribunal competente, independiente e imparcial, establecido con anterioridad por la ley, en la sustanciación de cualquier acusación penal formulada contra ella, o para la determinación de sus derechos y obligaciones de orden civil, laboral, fiscal o de cualquier otro carácter. 2. Toda persona inculpada de delito tiene derecho a que se presuma su inocencia mientras no se establezca legalmente su culpabilidad. Durante el proceso, toda persona tiene derecho, en plena igualdad, a las siguientes garantías mínimas: [...] h) derecho de recurrir del fallo ante juez o tribunal superior".

[125] BRASIL. Decreto nº 678 de 06/11/1992. Promulga a Convenção Americana sobre Direitos Humanos (Pacto de São José da Costa Rica), de 22 de novembro de 1969.

são constitucional do duplo grau de jurisdição, significando que o legislador infraconstitucional pode limitar o direito de recurso.

De outra banda, o art. 25[126] da citada Convenção Americana de Direitos Humanos, prevê que toda pessoa tem direito a um recurso judicial, não fazendo qualquer limitação quanto à área cível ou penal. Ressalta-se, porém, que o vocábulo "recurso" é entendido em grande parte da Europa como meio de acesso à justiça, ação processual, não como reexame de decisão judicial. Nesse contexto, o ministro Sepúlveda Pertence[127] leciona que em tal artigo, o termo "recurso" – traindo a ambigüidade que o caracteriza em língua espanhola e que contamina freqüentemente as traduções para o português – não parece ter o sentido restrito de impugnação a sentenças, mas de ação ou remédio judicial, ainda quando endereçado ao juízo de primeira ou única instância. Assim, levando-se em consideração somente as disposições da Convenção Americana de Direitos Humanos, não há que se falar em garantia do duplo grau de jurisdição na área cível. Nessa linha, o ministro Marco Aurélio[128] também profere seu voto no sentido do duplo grau de jurisdição não ser assegurado como garantia constitucional.

Por sua vez, o ministro Carlos Veloso, interpretando o art. 5º, § 2º, justifica seu voto afirmando que o duplo grau de jurisdição é direito fundamental consagrado na Constituição brasileira. Refere que é proibido com relação à Suprema Corte porque não existe outro tribunal superior ao Supremo Tribunal Federal, contudo, sempre que existir a possibilidade de revisão, a construção apresenta-se como salutar.

Inegável é, portanto, que a incidência dos princípios não é adstrita àqueles positivados no ordenamento jurídico. Como entendi-

---

[126] "Artículo 25. Protección Judicial – 1. Toda persona tiene derecho a un recurso sencillo y rápido o a cualquier otro recurso efectivo ante los jueces o tribunales competentes, que la ampare contra actos que violen sus derechos fundamentales reconocidos por la Constitución, la ley o la presente Convención, aun cuando tal violación sea cometida por personas que actúen en ejercicio de sus funciones oficiales. 2. Los Estados Partes se comprometen: [...] b) a desarrollar las posibilidades de recurso judicial".

[127] BRASIL. Supremo Tribunal Federal. Recurso Ordinário em Habeas Corpus, nº 79.785-7, ementário nº 2092-2.

[128] BRASIL. Supremo Tribunal Federal. Recurso Ordinário em Habeas Corpus, nº 79.785-7, ementário nº 2092-2.

do por Juarez Freitas, o Direito é um sistema e, como tal, deve ser harmônico. Sistema jurídico, mais uma vez invocando o conceito proposto por Freitas, é entendido como rede axiológica e hierarquizada topicamente de princípios fundamentais, de normas estritas (ou regras) e de valores jurídicos, cuja função é, evitando ou superando antinomias em sentido amplo, dar cumprimento aos objetivos justificadores do Estado Democrático de Direito, assim como se encontram consubstanciados, expressa ou implicitamente, na Constituição.[129]

Nesse contexto, entende-se o duplo grau de jurisdição como princípio implícito, derivado da garantia de ordem constitucional do princípio do devido processo legal, imprescindível à consecução dos fins da garantia do acesso à justiça em seu âmbito processual e material. Portanto, rejeita-se toda concepção que entenda o direito como um sistema fechado e que negue alçada constitucional ao princípio do duplo grau de jurisdição, entendendo ser fundamental para sua eficácia a possibilidade de reexame da sentença de primeiro grau, mesmo que tal reexame seja proferido por uma Turma constituída por juízes de primeiro grau.

2.2.5. Princípio do juiz natural

Segundo este princípio, o processamento e julgamento das causas devem se dar perante juiz investido do poder jurisdicional, com a competência devidamente indicada pela Constituição Federal (art. 5º, incs. XXXVII e LIII). O juiz natural é o juiz instituído pela lei para julgar determinadas questões. O princípio do juiz natural tem grande relevância para a manutenção dos preceitos básicos de imparcialidade do juiz na aplicação da atividade jurisdicional. O processo jurisdicional encontra-se visceralmente ligado à atuação do juiz no processo, podendo-se, mesmo, afirmar que a garantia da alheabilidade consiste em pressuposto para a sua existência.[130]

---

[129] FREITAS, *A interpretação sistemática do direito*, p. 61.
[130] GRINOVER, Ada Pellegrini. *Processo em sua unidade*. Rio de Janeiro: Forense, 1984, p. 3.

Como entendido por José Maria Rosa Tesheiner,[131] o princípio do juiz natural assegura a imparcialidade do órgão julgador. Luiz Flávio Gomes[132] também compartilha o entendimento de que ao princípio do juiz natural estão conectados outros importantes princípios, como o da igualdade, o da imparcialidade, o da anterioridade e o da legalidade. Alessandro Pizzorusso,[133] no mesmo sentido, afirma que tal princípio representa um meio para se assegurar respeito a outros valores, v.g., a independência, a idoneidade, a imparcialidade e a especialização do juiz.

Sérgio Gilberto Porto, tratando de conferir significado à garantia em análise, vê na igualdade a substância do princípio. É exatamente na igualdade jurisdicional que se encontra a mais pura essência do juízo natural, ou seja, "se é certo que ninguém pode ser subtraído de seu juiz constitucional, também é certo que ninguém poderá obter qualquer privilégio ou escolher o juízo que lhe aprouver, sob pena de tal atitude padecer de vício de inconstitucionalidade por violação exatamente do juízo natural".[134]

Diante das premissas até aqui firmadas, adota-se o enunciado de Luís Antônio Longo,[135] para quem o princípio do juiz natural consiste na garantia inerente aos litigantes em processo judicial, ou aos interessados em procedimentos administrativos de, mediante a pré-constituição pela lei e a prévia individualização dos juízes, no pleno e material exercício da imparcialidade e da igualdade, obter, mediante critérios objetivos e prefixados, a definição da competência de maneira inderrogável e indisponível, tanto de forma genérica

---

[131] TESHEINER, José Maria Rosa. *Elementos para uma teoria geral do processo*. São Paulo: Saraiva, 1993, p. 36.

[132] GOMES, Luiz Flávio. Apontamentos sobre o princípio do juiz natural. *Revista dos Tribunais,* n. 703, maio. 1994.

[133] PIZZORUSSO, Alessandro. Il principio del giudice naturale nel sua aspetto di norma sostanziale. *Rivista Trimestrale di Diritto e Procedura Civile,* Milano, ano XXIX, n. 1, marz. 1975, p. 6.

[134] PORTO, Sérgio Gilberto. Litisconsórcio: noções e recursabilidade da formação por violação do juízo natural. *Revista da AJURIS,* Porto Alegre: Ajuris, n. 60, mar. 1994, p. 41.

[135] LONGO, Luís Antônio. *O princípio do juiz natural e seu conteúdo substancial.* In: PORTO, Sérgio Gilberto (Org.). *As garantias do cidadão no processo civil.* Porto Alegre: Livraria do Advogado, 2003, p.41.

como individualizada, observando os procedimentos referentes à divisão funcional interna dos organismos.

Em suma, observa-se que a garantia do juiz natural é tridimensional, ou seja, não haverá juízo ou tribunal *ad hoc*, isto é, tribunal de exceção para apreciar determinado caso concreto; todos têm direito de submeter-se a julgamento (civil ou penal) por juiz competente, pré-constituído na forma da lei, devendo ser este imparcial.

2.2.6. *Princípio da motivação das decisões*

No Direito brasileiro, o princípio da motivação das decisões surgiu com as Ordenações Filipinas, com o intuito de as partes saberem se lhes convinha apelar ou não. Desde então, inclusive nos códigos antes estaduais, tal princípio passou a ter previsão legislativa. Hoje, além de conter regramento nos arts. 131 e 458 do CPC, também está prenunciado nos art. 5º, inc. LX, e 93, inc. IX, da CF.

O juiz é tido como o hermeneuta do Direito, ao qual compete prolatar a sentença e, respectivamente, fundamentá-la. Ao intérprete cabe estabelecer o contato existente entre o fato e a norma, de forma imparcial, em relação a uma realidade já consumada ("o fato em sua relação lógica com a hipótese da norma geral, o significado desta e, enfim, a norma concreta que 'brotou' do encontro do fato com a norma").[136] Seu dever é o de ser fiel a essa realidade (fato e norma), referindo-a sem distorções históricas (quanto ao fato) ou axiológicas (quanto ao valor expresso na norma) e, assim, decidindo de forma devidamente fundamentada.

Como alude Teresa Arruda Alvim, não se pode confundir a sentença com um ato de imposição pura e imotivada de vontade. A sentença deve estar satisfatoriamente fundamentada, formal e substancialmente, sob pena da sanção de nulidade prevista constitucionalmente – art. 93, inc. IX. A fundamentação da sentença é, sem dúvida, uma grande garantia de justiça, "quando consegue reproduzir exatamente, como num levantamento topográfico, o itinerário

---

[136] DINAMARCO, Cândido Range. Reflexões sobre direito e processo. In: *Arquivos do Ministério da Justiça*. Brasília, n. 117, ano XXIX, mar. 1971, p. 92 e ss.

lógico que o juiz percorreu para chegar à sua conclusão, pois se esta é errada, pode facilmente encontrar-se, através de fundamentos, em que altura do cominho o magistrado se desorientou".[137]

Retomam-se as palavras de Vicente Greco Filho,[138] para quem o próprio juiz está vinculado à lei e ao sistema de garantias, de forma que não se trataria, apenas, de transposição de uma ditadura do rei para o Judiciário, mas da institucionalização de um sistema no qual as garantias atuem contra todos, inclusive contra o juiz, que deverá manter-se fiel à norma de conduta preestabelecida.

Portanto, o princípio da motivação das decisões vem ao encontro do princípio do juiz natural e da publicidade, entre outros, trazendo, conseqüentemente, a exigência da imparcialidade do juiz e assegurando a legalidade e a publicidade das decisões judiciais, sem esquecer do princípio constitucional da independência jurídica do magistrado, o qual pode decidir de acordo com sua livre convicção, mas desde que suas decisões sejam motivadas pela razão de seu convencimento.

2.2.7. Princípio da proibição das provas ilícitas

Preceitua a Constituição, art. 5º, inc. LVI, que "são inadmissíveis, no processo, as provas obtidas por meios ilícitos". É a prova que propicia às partes demonstrar a verdade real. No entanto, a ilicitude das provas pode ser material, se a produção de prova resulta de ato contrário ao direito e pelo qual se consegue um dado probatório; ou formal, se decorre da forma ilegítima como se produz.

A ilicitude material diz respeito ao momento formativo da prova, ou seja, ao seu meio de obtenção, v.g., invasão domiciliar, violação do sigilo epistolar, quebra de segredo profissional, subtração de documentos, escuta clandestina, constrangimento físico ou moral na obtenção de confissões ou depoimentos testemunhais. Por

---

[137] CALAMANDREI, Piero. *Êles, os Juízes, vistos por nós, os advogados.* Lisboa: Liv. Clássica, 1940. § X.

[138] GRECO FILHO, Vicente. *Os direitos individuais e o processo judicial.* São Paulo: Atlas, 1977, p. 19. (Coleção Universitária de Ciências Humanas, v. 6).

sua vez, a ilicitude formal refere-se ao momento introdutório da prova no processo, à forma ilegítima como é produzida no processo e, ao ser inserida nos autos, viola uma ordem de natureza processual, v.g., testemunho de uma pessoa impedida.

No entanto, questiona-se se o art. 5°, inc. LVI, do texto constitucional, aplica-se tanto às provas ilícitas formalmente como às ilícitas materialmente. As provas ilicitamente formais, também chamadas de "provas ilegítimas", sem dúvida, são vedadas, bastando a nulidade do ato cumprido e a ineficácia da decisão que se fundar sobre os resultados. Porém, quanto à ilicitude material, há várias posições, desde a admissão em qualquer caso até a rejeição peremptória de sua utilização.

Para Nelson Nery Junior,[139] seguindo a posição de José Carlos Barbosa Moreira,[140] a interpretação do referido artigo constitucional deve ser realizada de acordo com o postulado da proporcionalidade. Afirma que "a proposição da doutrina quanto à tese intermediária é a que mais se coaduna com o que se domina modernamente de princípio da proporcionalidade (*Verhältnismässigkeitsmaxime*), devendo prevalecer, destarte, sobre as radicais".

Essa corrente, abarcada por Nelson Nery Junior, justifica-se por permitir a utilização das provas ilícitas, desde que seja a única forma possível e razoável para proteger outros valores fundamentais e tidos como mais urgentes na concreta avaliação do julgador.[141] Assim, apesar das posições da doutrina, entende-se que a interpretação do art. 5°, inc. LVI, da Constituição Federal, deva ser realizada de acordo com o postulado da proporcionalidade, pois tal hermenêutica vem ao encontro do Estado Democrático de Direito e da efetivação do princípio do devido processo legal.

Certo é que a admissão de uma prova ilícita só deve ocorrer quando da preservação de um direito fundamental maior daquele cuja violação se deu. Todavia, registra-se aqui uma preocupação no sentido de serem admitidas, mesmo que excepcionalmente, provas ilicitamente produzidas, entendendo-se aqui a ilicitude material,

---

[139] NERY JUNIOR, *Princípios do processo civil na Constituição Federal*, p. 158 e ss.

[140] MOREIRA, José Carlos Barbosa. *Processo civil e direito à preservação da intimidade*: temas de direito processual. São Paulo, 1980, p. 3 e ss.

[141] NERY JUNIOR, *Princípios do processo civil na Constituição Federal*, p. 158 e ss.

pois, a partir de determinados precedentes, abre-se a possibilidade de sua aceitação e, quiçá, o incentivo de sua produção no caso de inexistirem outras provas constitucionalmente aceitas. Como assevera Carlos Maximiliano[142] ao discorrer sobre hermenêutica, o Direito, nascido na jurisprudência, vive pela jurisprudência e é por ela muitas vezes que evolui.

---

[142] MAXIMILIANO, Carlos. *Hermenêutica e aplicação do direito.* Rio de Janeiro: Forense, 1984, p. 48.

3. Os Juizados Especiais Cíveis e as *Small Claims Courts* na *Common Law*

No Brasil, a experiência dos Juizados Especiais foi iniciada no Rio Grande do Sul no ano de 1982, através da criação dos Conselhos de Conciliação e Arbitramento pelo Tribunal de Justiça e pelo apoio da Associação dos Magistrados. A experiência foi realizada, inicialmente, na cidade de Rio Grande, onde se verificava, então, um aumento de conflitos sociais em virtude do crescente desenvolvimento nas áreas urbanas e rurais e do grande fluxo de movimentação no porto.

Em 1980 realizaram-se estudos nos Juizados de Pequenas Causas de Nova Iorque, as *Small Claims Court*, que serviram de modelo, ainda que com adaptações, para a justiça gaúcha. Posteriormente, a experiência foi seguida pelo Estado de São Paulo, com a implantação dos Juizados Informais de Conciliação. Assim, sucessivamente, seguiram-se movimentos semelhantes em outros estados.

Os Juizados de Pequenas Causas, até então, não eram considerados órgãos jurisdicionais; caso os litigantes concordassem, tinham poder de atuação limitada à condução de conciliadores entre as partes e à realização de arbitramentos. Nesses Conselhos de Conciliação e Arbitramento, a informalidade era a palavra de ordem, espírito que norteou toda a evolução da experiência gaúcha. O valor da causa era limitado a quarenta ORTNs, sendo o procedimento informal, simples e rápido:[143] a parte comparecia ao conselho consignando sua reclamação em ficha com os dados essenciais; a

---

[143] Cfe. monografia apresentada na UFRGS sob a orientação de Ruy Rosado Aguiar Junior, catalogada na biblioteca sob nº 000041099 (MEINHARDT, Betina Pohl. *Juizado especial de pequenas causas*. Monografia curso de especialização – UFRGS, Porto

comunicação ao reclamado era feita pelo correio; na data aprazada para sessão, as partes eram encaminhadas ao árbitro, que conduzia a tentativa de conciliação entre elas e, se não houvesse acordo, propunha o arbitramento. Se esse não fosse aceito, restava a alternativa às partes de postular a demanda na justiça comum; as conciliações eram consignadas na forma de confissão de dívida, consideradas título executivo extrajudicial; os arbitramentos processavam-se de acordo com o Código de Processo Civil.

No âmbito federal, a partir dos resultados e experiências, principalmente do movimento pioneiro implantado no Rio Grande do Sul, os Juizados Especiais Cíveis originaram-se através da Lei 7.244/84, a qual estabeleceu a criação dos Juizados de Pequenas Causas. Na justificativa do respectivo anteprojeto, o "Programa Nacional de Desburocratização" traz que a falta de acesso à justiça para a busca de solução a conflitos de pequena monta é um dos problemas que mais angustia a população brasileira. Assim, o Ministério da Desburocratização, com exclusivo objetivo de colaborar com os poderes Judiciário, Legislativo e Executivo, determinou que se procedesse aos estudos que resultaram na elaboração do projeto da Lei 7.244/84, que originou o Juizado Especial de Pequenas Causas.[144]

Os Juizados em foco, além de não comportar tal nome, limitavam-se a causas até vinte salários, o que nem sempre significava causas "pequenas", ou seja, "pequenas" no valor, mas complexas quanto ao fato jurídico. Tais Juizados também eram incompetentes para executar seus próprios julgados, o que levava a execução de sentença a esbarrar, novamente, na justiça comum. Entretanto, cabe ainda salientar que os Juizados de Pequenas Causas, antes de 1984, não eram considerados órgãos jurisdicionais; caso os litigantes concordassem, tinham poder de atuação limitada à condução de conciliadores entre as partes e à realização de arbitramentos.

Diante de tais fatos, e com a promulgação da Constituição Federal de 1988, criaram-se os Juizados Especiais Cíveis, sob a égide da Lei 9.099/95, tanto no âmbito civil como no criminal, porém com

---

Alegre, 1992); Trabalhos de Magistrados Sul-Rio-Grandenses, *Juizado de pequenas causas*. Porto Alegre: Ajuris, 1982.

[144] Cfe. justificativa do anteprojeto da lei 7.244/84, elaborado pelo Programa Nacional de Desburocratização (*Juizado de Pequenas Causas*. Porto Alegre: Ajuris, 1982).

a inovação da execução de seus julgados e o limite elevado para quarenta salários mínimos. O procedimento do Juizado originou-se da constatação de que o cidadão comum, envolvido em conflito de reduzido valor econômico, não encontrava nos procedimentos já existentes uma solução rápida e eficiente. Por isso, acredita grande parte dos juristas que os Juizados Especiais Cíveis traduzem a maior evolução processualística do século XIX, efetivando o acesso à justiça.

É pacífico o entendimento de que a o Poder Judiciário precisa estar cada vez mais ao alcance do povo, aproximando-se das pessoas, visto serem a razão e o fundamento de todo ordenamento social. Cândido Rangel Dinamarco observa que a Lei dos Juizados Especiais, fiel à principiologia sedimentada através da disciplina e prática do processo tradicional, deu nova interpretação instrumentalista a cada um dos princípios:

> Teve empenho em não mantê-los estratificados em suas formulações superadas pelas exigências do tempo, mas também a consciência da sua indispensabilidade sistemática, que desaconselhava o seu imprudente banimento. Isto significa operacionalizar o processo, sem antepô-lo à justiça. Orientação deliberadamente instrumentalista.[145]

Conforme ainda Cândido Rangel Dinamarco, os Juizados Especiais têm sido motivo de esperanças de melhor eficiência do Poder Judiciário e, portanto, de maior grau de legitimação do sistema processual, no entanto admite que não se trata de "desprocessualizar" à ordem jurídica. "É imenso o valor do processo e nas formas dos procedimentos legais estão depositados séculos de experiência que seria ingênuo querer desprezar. O que precisa é desmistificar regras, critérios, princípios e o próprio sistema",[146] desformalizar o processo em geral, eliminando-se solenidades e tecnicismos obstativos ao acesso à justiça.

Por outro lado, a observância empírica da ordem processual e das formas do procedimento, com prevalência do princípio do devido processo legal, é reconhecida como penhor de segurança para

---

[145] DINAMARCO, Cândido Rangel. *A instrumentalidade do processo*. 7. ed. São Paulo: Malheiros, 1999, p. 269.

[146] DINAMARCO, op. cit., p. 269 e ss.

os contendores. Tourinho Neto e Figueira Júnior,[147] ao comentarem a Lei dos Juizados Especiais Federais, ressaltam o grande avanço e a importância atribuída à resolução do conflito apresentado ao Estado-Juiz perante esses órgãos, o qual, de plano, fica previamente autorizado, em qualquer hipótese, a decidir por eqüidade, buscando em cada caso os fins sociais da norma e as exigências do bem comum no caso em concreto, segundo se infere da redação conferida ao art. 6º da Lei 9.099/95.[148]

Assim, um procedimento bem estruturado nos princípios constitucionais processuais e racionalmente conduzido por um juiz é a melhor garantia das partes em juízo, e isso era o que se almejava a Lei 9.099/95, conforme análise que segue.

3.1. Finalidades e características estruturais dos Juizados Especiais Cíveis

A função dos Juizados é possibilitar a efetivação dos direitos do autor num período de tempo razoável e compatível com a complexidade do litígio, ao contrário do que ocorre hoje com os procedimentos da justiça comum, onde as demandas são intermináveis. Assim, diante da crise pelo retardamento da prestação jurisdicional, a Lei 9.099/95 veio satisfazer a ânsia dos jurisdicionados por uma justiça de fácil acesso e célere no seu desenvolvimento processual, resgatando um sentimento social de confiança na instituição da jus-

---

[147] TOURINHO NETO, Fernando da Costa; FIGUEIRA JÚNIOR, Joel Dias. *Juizados especiais federais cíveis e criminais*. São Paulo: RT, 2002, p. 154.

[148] Cf. ALVIM, Eduardo Arruda. *Curso de direito processual civil*. São Paulo: RT, 2002: "É evidente, todavia, que, conquanto o art. 6º da Lei 9.099/95 possa ser ligado ao art. 5ª, da LICC, não se poderá pretender que não fica o juiz jungido às normatividade do direito positivo, mas que poderia decidir o caso como lhe parecesse 'mais justo' e 'mais equânime'; ou seja, esta lei, pelo seu art. 6º, não abre um leque possível de decisões contrárias mesmo ao direito positivo, se o juiz vier a entender 'mais justo' e 'mais equânime' do que inequivocadamente decorre do direito positivo, não poderá deixar de aplicá-lo. Do contrário, isto significaria, ademais, que o juiz julgaria o direito positivo, podendo afastar a sua incidência, o que, como acentua em outro capítulo, colidiria mesmo com a regra do art. 5º, inc. XXXV, da CF, e implicaria agredir a própria tripartição dos poderes, encartada dentre os princípios fundamentais do texto constitucional (art. 2º)".

tiça. Como afirmam Mauro Cappelletti e Bryant Garth,[149] "o tempo é um inimigo contra o qual o juiz luta desesperadamente".

Entretanto, os Juizados surgiram em virtude da preocupação do Estado em fornecer meios alternativos para a resolução de disputas, adequados à solução de cada caso concreto, atendendo às particularidades específicas de cada situação, principalmente daquelas em que o processo de conhecimento comum tornar-se-ia muito penoso para o requerente, considerando o valor da demanda e o dispêndio inicial para a propositura da ação. Com isso, construiu-se a filosofia dos Juizados: uma tentativa de tornar a justiça mais simpática ao cidadão, solucionando certas demandas especiais de forma mais informal, célere, mas que, ao mesmo tempo, efetivasse os direitos subjetivos e as garantias das partes em juízo.

Na visão de Roberto Portugal Bacellar,[150] todo procedimento dos Juizados, inclusive os critérios previstos no art. 2° da Lei 9.099/95, é voltado ao alcance do princípio implícito da "pacificação social". Afirma o autor que, para tal procedimento, é ideal, a qualquer tempo, buscar a mediação, a conciliação e o acordo entre as partes. O povo, carente de justiça, precisa encontrar ambiente propício para solucionar suas pendências, o que não ocorre no ambiente formal e de características elitizadas da maioria dos órgãos do Poder Judiciário, o que afasta o povo da justiça.

Os Juizados, nesse diapasão, adquirem um sentido democratizador, de busca da pacificação social; permitem julgamentos mais rápidos em favor das pessoas mais humildes, que não têm condições de esperar as delongas do procedimento ordinário; enfim, propiciam meios para que essas pessoas lutem por seus direitos.[151] Assim, os Juizados surgem para atuar sobre conflitos até então desconhecidos pelo Estado, oferecendo um procedimento alternativo que vai desde uma nova estratégia no tratamento de certos conflitos

---

[149] CAPPELLETTI, Mauro; GARTH, Bryant. *Acesso à justiça*. Trad. Ellen Gracie Northfleet. Porto Alegre: Sergio Antonio Fabris, 1988, passim.

[150] BACELLAR, Roberto Portugal. *Juizados especiais*: a nova mediação paraprocessual. São Paulo: RT, 2003, p. 77 e ss. Sobre técnicas de mediação, v. cap. 8 da referida obra, p. 45 e ss.

[151] CARNEIRO, Athos Gusmão. Juizado de pequenas causas. In: GRINOVER, Ada Pellegrini; DINAMARCO. Cândido Rangel; WATANABE, Kazuo (Coord.). *Participação e processo*. São Paulo: RT, 1988, p. 334.

até técnicas de abreviações e simplificação processuais, sem que o cidadão precise recorrer ao sistema processual da justiça comum, o que significaria negar-lhe o direito de exigir do Estado a prestação jurisdicional.

Cândido Rangel Dinamarco[152] acreditava serem os Juizados o primeiro passo de um ambicioso e consciente movimento para rever integralmente velhos conceitos de direito processual. Segundo seu entendimento, esses Juizados abalaram hábitos e práticas irracionais, incompatíveis com uma concepção democrática e moderna de jurisdição; representaram uma mudança tanto do Poder Judiciário, por se aproximar do povo e da sua linguagem, quando do Poder Legislativo, por reconhecer um direito não legislado.[153]

Ao contrário dos procedimentos da justiça comum – na qual são cobradas custas judiciais, havendo várias formalidades a serem atendidas e sendo obrigatória a presença de um advogado, com a possibilidade de intermináveis recursos –, o procedimento dos Juizados Especiais Cíveis é gratuito e rápido, em razão da possibilidade de somente um recurso inominado. Neles a presença do advogado é obrigatória para causas maiores que vinte salários mínimos.

Outrossim, as lides propostas no Juizado são aquelas que se originam do dia-a-dia, como demandas que envolvem conflitos de vizinhança, direitos do consumidor, cobranças em geral, acidentes de trânsito, despejos para uso próprio, execuções de obrigações de dar coisa certa, incerta e de fazer, indenizações decorrentes de consórcios, danos a imóveis, rescisões de contratos, cobranças de honorários, problemas bancários e reclamações referentes a planos de saúde, entre outras.

Assim, o processo tem início com a procura do requerente, que é atendido por um funcionário, o qual deverá orientá-lo sobre o procedimento e analisar a documentação para, concomitantemente, redigir o requerimento inicial, contendo seu pedido. No mesmo instante, é marcada a audiência de conciliação, que é realizada por um advogado ou estagiário. Havendo acordo, o processo passa para

---

[152] DINAMARCO. Cândido Rangel. *Manual dos Juizados cíveis*. São Paulo: Malheiros, 2001, p.19.

[153] FONSECA, Ana Carolina da Costa e. Considerações sobre os Juizados especiais cíveis. *Revista dos Juizados Especiais*, Porto Alegre: TJRS, n. 28/29, abr./ago. 2000, p. 26.

um juiz togado ou pretor responsável pela vara, para homologação; em caso contrário, é marcada audiência de instrução na qual o juiz leigo conhecerá as provas, inclusive realizando a oitiva de testemunhas para posterior julgamento. Porém, cabe salientar que o juiz leigo somente sugere a sentença, a qual deve ser homologada pelo juiz togado ou pretor responsável pela vara. A parte vencida poderá interpor recurso, que será julgado pela Turma Recursal, formada por três juízes de primeiro grau.

Ademais, a Lei 9.099/95, que instituiu os Juizados Especiais Cíveis, procurou garantir o princípio da acessibilidade através da descentralização e da conseqüente aproximação da justiça do cidadão, tornando-a, assim, uma justiça menos formal e mais sócio-humanística e, mesmo, garantindo a assistência judiciária em primeiro grau e com a possibilidade de funcionamento noturno ou itinerante. Diante dessa realidade, os Juizados transformaram-se em centros de informação de direitos para as classes menos favorecidas economicamente, o que minimiza o problema social brasileiro de desinformação jurídica.

O Juizado é uma tentativa válida e honesta de forjar um novo processo célere, assistencial e idôneo, sobretudo para a solução de um determinado tipo de controvérsia, o que poderá fornecer a chave para a parcial reestruturação de todo sistema processual.[154] Porém, apesar de implantado pela Lei 9.099/95, integra-se ao sistema jurídico processual brasileiro, não estando apartado do processo comum; inclusive, tem como fonte subsidiária o próprio Código de Processo Civil. Portanto, trata-se de um só sistema, mas com procedimento próprio para causas especiais com valor determinado e de pequena complexidade, devendo seguir, por isso, os princípios processuais tradicionais do ordenamento jurídico nacional em equilíbrio com a celeridade da justiça.

---

[154] GRINOVER, Ada Pellegrini. Deformalização do processo e deformalização das controvérsias. *Separata da Revista de Informação Legislativa*, Brasília: Senado Federal: Secretaria de Edições Técnicas, a. 25, n. 97, jan./mar. 1988, p. 204. No mesmo sentido, v. GRINOVER, Ada Pellegrini. *Novas tendências do direito processual*. Rio de Janeiro: Forense Universitária, 1990.

3.2. Princípios informadores[155]

Ao Juizado foi atribuída a tarefa de cumprir com a previsão normativa constitucional e principiológica, em especial, da simplicidade, oralidade, informalidade, celeridade e economia processual. Tais mecanismos, como observam Tourinho Neto e Figueira Júnior,[156] são geradores da efetividade do processo, capazes de possibilitar a consecução dos objetivos perseguidos pelo autor num período de tempo razoável e compatível com a complexidade do litígio.

Assim, em busca do princípio da informalidade, instituiu-se a figura do conciliador e do juiz leigo. Os conciliadores, conforme a Lei 9.099/95, serão auxiliares da justiça recrutados, preferencialmente, entre bacharéis de direito. Nas varas anexas, aquelas conveniadas com as universidades, os conciliadores, geralmente, são

---

[155] Na visão de Cândido Rangel Dinamarco, a técnica processual inclui também um número extenso de regras de grande importância, tradicionalmente chamadas pela doutrina de "princípios", responsáveis pela boa organização do processo e correto caminho de suas soluções. Não se qualificam como princípios porque têm lugar no interior do sistema e não atuam como pilares sobre os quais este se apóia, sendo estes, sim, verdadeiros princípios. Como exemplo dessas regras, o autor cita, entre outros, o princípio econômico, voltado à produção do melhor resultado desejável com o menos dispêndio possível de recursos, e o princípio da oralidade, que postula a preponderância do verbal sobre o escrito no procedimento. "É claro que, no fundo, a todas essas regras pode-se chegar, com algum esforço de raciocínio, a partir das idéias representadas pelos princípios gerais e políticos do processo, ou seja, a partir de suas premissas externas e fundamentais. Mas, em si mesmas, elas não são verdadeiros princípios do direito processual [...], pois não têm caráter de generalidade de que são datados os de origem político-constitucional, pois se referem apenas a algum setor do direito e da ciência processuais e não pro processo civil como um todo (p. ex., [...] o princípio da oralidade, à forma dos atos no procedimento). [...] Esses falsos princípios são, na realidade, regras técnicas e não refletem opções políticas. [...] O máximo que se pode dizer em prol de tais regras técnicas como possíveis princípios é que elas refletem, pelo aspecto técnico, as idéias que os princípios representam". Assim, não se trata propriamente de diversos princípios processuais, mas, sim, de critérios que, informando o novo procedimento, assegurem sua fidelidade aos princípios clássicos, "revolucionando-os em suas formas e em sua dinâmica". Contudo, adotar-se-á no presente trabalho o vocábulo "princípios" para referir-se a essas regras, evitando, assim, inúteis discrepâncias verbais em face da doutrina em geral. DINAMARCO, Cândido Rangel. *Instituições de direito processual civil*. São Paulo: Malheiros Editore, 2001, v. 1, p. 195.

[156] TOURINHO NETO, Fernando da Costa; FIGUEIRA JÚNIOR, Joel Dias, *Juizados Especiais federais cíveis e criminais*, p. 158.

selecionados entre estudantes de direito, o que lhes oportuniza uma socialização do ensino e um aprendizado mais eficiente. Os juízes leigos, por sua vez, são escolhidos entre bacharéis em direito com mais de cinco anos de experiência, os quais ficam impedidos de exercer a advocacia perante os Juizados Especiais enquanto no desempenho de sua funções.

Dessa forma, em prol dos princípios que informam o procedimento dos Juizados (informalidade, simplicidade, oralidade, celeridade e economia processual), foi conferida aos juízes leigos a liberdade para determinar as provas a serem produzidas e apreciá-las da melhor forma que entenda, adotando-se em cada caso, conforme o art. 6º, a decisão que reputar mais justa e equânime, atendendo aos fins sociais e às exigências do bem comum.

As vantagens de existir um julgador e um conciliador também têm de ser consideradas, e a mais óbvia é o fato de não haver confusão dos papéis de juiz e conciliador. Conforme estudos já realizados em outros países que possuem procedimentos semelhantes, como na cidade de Nova Iorque, o juiz, como conciliador, pode, mesmo que inconscientemente, impor um "acordo" pela ameaça implícita em seu poder de decidir.[157]

Por outro lado, priorizando a rapidez na solução da lide, permitiu-se ao cidadão fazer seu pedido inicial oralmente, o qual, conforme art. 2º, será reduzido a escrito pela secretaria do Juizado. Da mesma forma, a contestação, a réplica e as razões finais poderão ser feitas oralmente na audiência de instrução e julgamento, sendo permitido à primeira a apresentação pela forma escrita. A execução, também com a possibilidade de ser oral, deverá ser apresentada na secretaria do Juizado. No entanto, tal princípio exige, para que se possa realizar completamente, a justaposição de outros princípios também de fundamental importância. Conforme doutrina Chiovenda,[158] a oralidade só tem condições de gerar seus benefícios se aplicada em consonância com os critérios da identidade física do juiz.

A lei que regula os Juizados Especiais, também atendendo ao princípio da utilidade do processo, enfatiza que os atos processuais

---

[157] CAPPELLETTI, Mauro; GARTH, Bryant, *Acesso à justiça*, p.110.

[158] CHIOVENDA, Giuseppe. *Principios de derecho procesal civil*. Madrid: Reus, 1925, t. II, p. 136.

serão sempre eficazes quando preencherem as finalidades para as quais foram realizados, desde que não tenham causado prejuízo para qualquer das partes. Assim, o legislador procurou garantir a utilidade do processo aproveitando os atos processuais realizados e preconizando os mecanismos para facilitar a defesa e a execução da sentença.

Com os princípios da simplicidade e da informalidade, buscou-se o rompimento do formalismo e da tradição de documentação processual, o que tornou o processo mais "simpático" ao cidadão comum, que já não se sente intimidado ao freqüentar os foros cíveis. O procedimento dos Juizados visa a que as informações redigidas pela secretarias respectivas sejam anotações sucintas, feitas em fichas simples, contendo apenas o essencial para a cognição da lide e, conseqüentemente, sua resolução. A utilização de outros recursos de documentação, em busca da informalidade na comunicação processual, também é permitida, como as gravações em fitas sonoras, o uso dos correios para cientificar as partes dos atos do processo, o mandato oral ao advogado e a prova pericial pelo depoimento oral do técnico. Assim, a oralidade também se apresenta como princípio norteador do Juizado.

Conseqüentemente, também atendendo ao princípio da celeridade e economia processual, busca-se no Juizado a maior brevidade possível: um procedimento concentrado sem protelação no julgamento do mérito, não se admitindo, assim, a intervenção de terceiros e recursos de decisões interlocutórias, objetivando sempre, como primazia para a devida resolução, a conciliação das partes.

Portanto, os Juizados inauguraram uma forma diferente de solucionar conflitos sociais pelo Estado. Reduziram-se os custos processuais, a duração do processo, as formalidades e as possibilidades de produção de provas; o julgamento passou a ser proferido por um juiz mais socializado, em contato com o cidadão comum, e menos formal. Este juiz dirige o processo com liberdade para a apreciação das provas, conferindo, ao prolatar a decisão, especial valor às regras de experiência comum ou técnica, com eqüidade, ou seja, prolata a sentença através da exteriorização de um sentimento, decidindo segundo sua convicção pessoal no fato jurídico concreto para, somente após, embasar legalmente sua decisão.

Tais princípios proclamados nos Juizados têm o significado de pregar a deformalização,[159] uma tendência universal em prol do efetivo acesso à justiça, pois, como enfatiza Liebman, "as formas são necessárias, mas o formalismo é uma deformação".[160] Cândido Rângel Dinamarco salienta que "os Juizados são filhos de um movimento desburocratizador que se instalou no país na década dos anos oitenta, com a idéia de que as complicações e formalismos processuais constituem inexplicáveis e ilegítimos entraves ao pronto e efetivo acesso à ordem jurídica justa".[161] Entretanto, o "Programa Nacional de Desburocratização", na justificativa do anteprojeto da Lei 7.244/84, extinto "Juizado Especial de Pequenas Causas", já afirmava que a agilização processual não dependia unicamente da simplificação do esquema procedimental previsto em abstrato na lei, e, sim, fundamentalmente, da mentalidade com que esse esquema é reproduzido na prática por magistrados, promotores, advogados e auxiliares da justiça.

Essa é a posição de Araken de Assis ao afirmar que, para praticar um processo governado pelos princípios da oralidade, simplicidade, informalidade, economia e celeridade, é preciso espírito aberto e sensibilidade: "O sucesso da experiência dos Juizados dependerá, em grande parte, de dois fatores: a) da renovação da mentalidade dos operadores; e b) da criação de estrutura material adequada".[162]

---

[159] O termo "deformalização" tem duas distintas acepções: "de um lado, a deformalização do próprio processo, utilizando-se a técnica processual em busca de um processo mais simples, rápido e econômico, de acesso fácil e direto, apto a solucionar com eficiência tipos particulares de conflitos de interesses. De outro lado, a deformalização das controvérsias, buscando para elas, de acordo com sua natureza, equivalentes jurisdicionais como vias alternativas ao processo, capazes de evitá-lo, para solucioná-las mediante instrumentos institucionalizados de mediação. A deformalização do processo insere-se, portanto, no filão jurisdicional, enquanto a deformalização das controvérsias utiliza-se meios extrajudiciais". GRINOVER, Deformalização do processo e deformalização das controvérsias. *Separata da Revista de Informação Legislativa*, p. 195.

[160] LIEBMAN, Enrico Tullio. *Manual de direito processual civil.* Rio de Janeiro: Forense, 1984.

[161] DINAMARCO, Cândido Rangel. *Fundamentos do processo civil moderno.* 4. ed. rev. e atual. São Paulo: Malheiros, 2001, p. 1427.

[162] ASSIS, Araken. *Execução civil nos Juizados especiais.* 3. ed. rev., atul. e ampl. São Paulo: RT, 2002, p. 20 e ss.

Assim, o operador, compreendido aqui por todos os profissionais que atuem nos Juizados, desde o magistrado até os advogados, deve abandonar costumes arraigados, o apego à documentação escrita de atos e termos processuais e seu jargão ininteligível, atendendo à função popular da justiça. Estas foram as essências que nortearam a criação dos Juizados: simplicidade e celeridade na prestação jurisdicional.

3.3. As *Small Claims Courts* americanas

No sistema americano da *common law*, também houve a preocupação com uma demanda mais célere e efetiva de justiça para a população em geral. Assim, foram criadas as chamadas *Small Claims Courts*, as quais serviram de base para instituir no Brasil os Juizados Especiais, nominados anteriormente como Juizados de Pequenas Causas. As *Small Claims Courts* foram criadas em 1934 em Nova Iorque, Manhattan, com o fim de serem *the poor man's courts*,[163] as quais encontraram precedentes ainda mais antigos no período de 1912 a 1916 noutros estados da federação americana.[164] Hoje, essas cortes são chamadas de *Common Man's Court*.[165]

A experiência norte-americana viabiliza várias portas de acesso ao Poder Judiciário e fornece diversos instrumentos privados para que os cidadãos possam procurar pessoalmente seus direitos; inclusive, esses são orientados por meio de panfletos educativos que recomendam a análise do caso e das provas para que sejam seus próprios advogados.[166] Na visão de Roberto Portugal Bacellar, tal experiência serviu de base para os Juizados Especiais brasileiros e representam um exemplo de efetividade a ser seguido. O trabalho nas *Small Claims Courts* é coordenado por mecanismos extrajudiciais e judiciais no próprio ambiente do Poder Judiciário, e existe

---

[163] Tradução: corte do pobre.

[164] Cfe. CARNEIRO, Paulo Cezar Pinheiro. *Acesso à justiça*: Juizados especiais cíveis e ação civil pública. 2. ed. Rio de Janeiro: Forense, 2000, p. 27.

[165] Tradução: corte do homem comum.

[166] BACELLAR, Roberto Portugal. *Juizados especiais*: a nova mediação paraprocessual. São Paulo: RT, 2003, p. 233.

a possibilidade de arbitragem vinculada aos tribunais e de mediação. Ambas as alternativas são executadas com o apoio de grande número de auxiliares da justiça (três juízes togados, 1.200 árbitros-conciliadores, entre outros), o que garante o sucesso do sistema.[167] Também é utilizada toda a estrutura da Corte Cível comum, inerte a partir das 18h, horário de funcionamento dessas cortes especiais, e da *National Center for State Courts*.[168]

Ainda, segundo Roberto Portugal Bacellar, descrevendo os principais aspectos constatados quando de sua visita às referidas cortes, o que falta ao sistema brasileiro, que se apresenta como burocrático e sem efetividade, como muitos órgãos do Poder Judiciário, é o pragmatismo[169] do sistema americano, o qual funciona de forma ágil, descomplicada e fácil.

A principal influência do sistema norte-americano sobre o sistema brasileiro foi sobre a efetividade e a instrumentalidade,[170] trazendo os princípios informadores para os Juizados Especiais brasileiros na busca de soluções pragmáticas, pela efetivação do processo e possibilidade de se alcançar, num espaço menor de tempo, uma solução justa.[171]

Tem essa percepção João Geraldo Piquet Carneiro, para quem nenhuma reforma será eficaz a menos que se superem alguns ar-

---

[167] BACELLAR, *Juizados especiais*: a nova mediação paraprocessual, p. 233.

[168] Centro Nacional de Tribunais Estaduais: "tem sede em Williamsburg, estado da Virgínia, e foi fundado em 1971 com o objetivo de prestar consultoria e auxiliar no estudo e na pesquisa dos problemas afetos às Cortes Estaduais. Essa consultoria só é prestada se houver pedido da corte ou do juiz e, uma vez solicitada, após a coleta de informações e análise de dados, o Centro Nacional de Tribunais Estaduais (NCSC) oferece sugestões para melhorar a administração da Corte e corrigir eventuais problemas de gerência judiciária". (BACELLAR, *Juizados especiais*: a nova mediação paraprocessual, p. 238).

[169] Cfe. Guido Fernando Silva Soares, o sistema da *common law* prima pelas soluções pragmáticas: "A idéia que permeio o sistema é de que o direito existe não para ser um edifício lógico e sistemático, mas para resolver questões concretas. Antes de examinar se existe ou não algum geometrismo no sistema, este se preocupa com os remédios [...]; tanto é assim que se chegou ao absurdo de não permitir uma ação frente o Judiciário, se não houvesse um *writ* que fornecesse a solução prática [...]. Tal fato foi em parte corrigido pela *Equity*". (SOARES, Guido Fernando da Silva. *Common law*. Introdução ao direito dos EUA, 53).

[170] SOARES, Guido Fernando da Silva. *Common law*. Introdução ao direito dos EUA. 2. ed. São Paulo: RT, 2000, passim.

[171] DINAMARCO, Cândido Rangel, *A instrumentalidade do processo*, passim.

raigados preconceitos da processualística brasileira, como o temor à oralização, a resistência à ampliação dos poderes do juiz e a padronização das normas de direito processual, o que torna inelástica a adaptação do sistema judiciário às peculiaridades regionais. Esclarece ainda o autor que o Juizado, ou fórmula equivalente, não resolverá, por si só, a questão do "congestionamento" do Judiciário, pois "cogita-se mais propriamente da ampliação do acesso à justiça, hoje altamente eletizado no Brasil".[172]

Em oposição ao exposto, segundo entendimento de João Baptista Herkenhoff,[173] a experiência do Juizado nos Estados Unidos não foi vitoriosa. Relatando sua visita aos Juizados dos Estados Unidos em 1983/1984, afirma que as *Small Claims Court* foram muito mais um instrumento dos fortes contra os fracos, pois, nos Juizados americanos, as empresas são as que mais se servem de tal procedimento para cobrar seus créditos. Para o autor, as *Small Claims Courts* criam obstáculos para a apresentação de recurso, o que começa pela indispensabilidade de contratação de advogado, com custos altos, pelo pagamento de custas e outras exigências para quem reclama novo julgamento. Assim, fica praticamente inviável qualquer recurso à decisão dessas cortes, não se conseguindo sequer imaginar o pedido de reexame de uma sentença na Suprema Corte, ou, mesmo, em outro tribunal de nível intermediário.

Nota-se que há uma profunda tendência à globalização do direito. Portanto, toda e qualquer investigação que vise à comparação dos Juizados Especiais brasileiros com Juizados Especiais de outros sistemas deve contribuir na medida em que for adaptada para a realidade do sistema nacional vigente, buscando sempre uma melhora na prestação jurisdicional, comparando as vantagens, desvantagens e sucessos do sistema comparado.

---

[172]CARNEIRO, João Geraldo Piquet. Ministério para a desburocratização: Juizado de pequenas causas: análise da estruturação e do funcionamento da *Small Claims Court* na cidade de Nova Iorque. In: Juizado de pequenas causa: Trabalhos do ministério da desburocratização, informações dos Juizados de Nova Iorque e Califórnia. Porto Alegre: Ajuris, 1982, passim.

[173] HERKENHOFF, João Baptista . *O direito processual e o resgate do humanismo*. Rio de Janeiro: Thex, 1997, p. 71.

4. O (In)Devido Processo Legal na Lei 9.099/95

Esta parte da obra tem por finalidade examinar, com base nas linhas anteriormente traçadas, se o acesso à justiça, tanto no aspecto formal como no material, e, respectivamente, se o devido processo legal, compreendido processual e substancialmente, são efetivados no procedimento do Juizado Especial Cível.

O direito processual civil, na atualidade, dirige-se com grande intensidade para a efetivação do processo, a qual constitui, segundo Cândido Rangel Dinamarco,[174] expressão resumida da idéia de que o processo deve ser apto a cumprir integralmente toda a sua função sociopolítico-jurídica, atingindo na plenitude todos os seus escopos[175] institucionais. Continua o autor:

> Como se tem dito, é relativizar o binômio substance-procedure. Não se trata de renunciar à autonomia do direito processuais e muito menos aos princípios solidariamente instalados em sua ciência e a nível de garantias constitucionais. É que a autonomia do processo não implica seu isolamento e o seu culto como se fosse um valor em si mesmo.

Ao escrever sobre a instrumentalidade do processo, Cândido Rangel Dinamarco[176] leciona ainda que cada ato processual tem uma função perante o processo, o qual, por sua vez, tem funções perante o direito substancial, a sociedade e o Estado. Os objetivos

---

[174] Escopos institucionais, cfe. Cândido Rangel Dinamarco, são: a) escopos da jurisdição e instrumentalidade; b) escopos sociais; c) escopos políticos; d) escopos jurídicos; e) escopos do processo e técnica processual". DINAMARCO, Cândido Rangel. *A instrumentalidade do processo*. 7. ed. São Paulo: Malheiros, 1999, p. 270.

[175] DINAMARCO, op. cit., p. 270.

[176] DINAMARCO, *A instrumentalidade do processo*, p. 270.

particularizados dos atos processuais convergem todos para a garantia da equilibrada participação dos sujeitos, do que decorre que a consecução de cada um deles só constitui válida exigência na medida em que disso dependa o nível indispensável de participação no processo.

Entretanto, essa participação no processo pelas partes é a primazia que se deve seguir, ou seja, qualquer processo judicial deve efetivar o devido processo legal, deve traduzir o acesso à justiça, mas não um mero acesso ao Poder Judiciário, e, sim, acesso ao justo processo, sem entraves e delongas, proporcionando a solução dos conflitos e efetivando as garantias das partes. O acesso à justiça, como já tratado, não se confunde nem se exaure com a possibilidade de o cidadão levar sua pretensão ao Judiciário, mas significa a efetiva oportunidade de proteção judiciária, mediante o justo processo e a concretização das garantias do cidadão em juízo. É com esse espírito que a interpretação da Lei dos Juizados Especiais Cíveis originou as críticas que seguem.

4.1. Da utópica função social dos Juizados Especiais Cíveis: o acesso à justiça

A criação de Juizados Especiais, nos quais se solucionam conflitos considerados de pequena monta ou determinados casos menos graves, tem sido, para alguns, conforme já exposto, de grande importância para se alargar o acesso ao Judiciário.

Entretanto, não tem se mostrado meio hábil para solucionar os conflitos, pois o acesso à justiça não se reduz ao processo, e este não pode ser espelho daquele.[177] Apesar de os Juizados representarem um grande avanço no que diz respeito ao acesso dos menos favorecidos à solução de pequenos conflitos pela via judicial, podem, ao mesmo tempo, significar uma "fábrica" de grandes conflitos, caso seus processos não sejam bem conduzidos. Portanto, os Juizados

---

[177] BEZERRA, Paulo César Santos. *Acesso à justiça*. Um problema ético-social no plano da realização do direito. São Paulo: Renovar, 2001, p.155.

não podem ser vistos como panacéia para todos os males que afligem a justiça.[178]

Ademais, esses Juizados deveriam ser auxiliados pelas defensorias públicas, que até hoje não foram equipadas dos meios necessários para proporcionar um atendimento digno à comunidade. Como assevera Renato Gomes Néri,[179] não adianta somente criar e instalar defensorias se não há um número suficiente de defensores nem estrutura de apoio.[180] Assim, ilusório se torna o benefício de assistência judiciária quando se exige o preparo do recurso, de modo que a revisão de seus julgados alcança apenas os cidadãos capazes de suportar suas custas.[181]

---

[178] BEZERRA, op. cit., p.155.

[179] NÉRI, Renato Gomes. Assistência jurídica aos carentes no Brasil. *Revista Consulex*, ano II, n. 22, out. 1998, p. 66.

[180] Conforme pesquisa de campo realizada com os usuários dos Juizados das comarcas de Passo Fundo e Carazinho, 54% dos processos tramitam sem o acompanhamento de defensores, sendo que 52% dos usuários declararam não terem condições de arcar com as custas de um advogado particular e 71% dos usuários negaram a disposição pela justiça de defensores para atuarem no feito. (Apêndices "B" e "D").

[181] Recentemente (04/2004), o Supremo Tribunal Federal anulou decisão que não admitiu recurso por falta de pagamento da diferença R$ 0,009 de custas judiciais; por meio da Primeira Turma do Supremo Tribunal Federal deu provimento ao recurso extraordinário (RE 347528) interposto pela BVA Factoring Ltda. e anulou acórdão do Conselho do 1º Juizado Especial Cível de Belfort Roxo, no Rio de Janeiro, que aplicou a pena de deserção a recurso da empresa sob o argumento de que não era pago R$ 0,01 de preparo (custas judiciais necessárias para o recebimento e o processamento de um recurso). A empresa alegou violação ao contraditório e à ampla defesa (artigo 5º, inciso 55 da Constituição Federal) e sustentou que o artigo 42, § 1º, da Lei 9.099/95 só é constitucional com a interpretação que exclua a pena de deserção nas hipóteses em que as cifras não expressem valor monetário, ou seja, as inferiores a R$ 0,01. Como o recurso foi indeferido na origem, a empresa opôs agravo de instrumento no STF, que foi improvido pelo relator da matéria, ministro Sepúlveda Pertence, num primeiro momento. Entretanto, ele reconsiderou a decisão e, ao prover o agravo, determinou a sua reautuação como recurso Extraordinário."Tem razão ao meu ver a recorrente, ao sustentar que não podia ter recolhido o valor exigido, R$ 7,659, pelo simples e evidente motivo de que esse valor não existe em nosso sistema monetário. Nem haveria cogitar do arredondamento para cima. Se a recorrente houvesse pago R$ 7,66, o banco não teria como dar-lhe um milésimo de real de troco", disse hoje o relator. Segundo ele, "ao exigir da recorrente o cumprimento da condição impossível de ser satisfeita, a decisão recorrida, além de negar-lhe, na prática, a prestação jurisdicional demandada, cerceou claramente seu direito de defesa, ofendendo o artigo 5º, inciso 55, da Cons-

A dispensa de custas ao requerente, a má orientação fornecida nos "balcões" da vara e na redação da pretensão,[182] a facilidade do ajuizamento das ações e a existência de conciliadores despreparados têm contribuído para demandas de pretensões irresponsáveis e sem qualquer fundamentação, ajuizadas pelo simples fato de não acarretarem quaisquer ônus sucumbente ou penal ao requerente aventureiro.

Nesse sentido, conforme referenciado por José Maria Rosa Tesheiner,[183] "quanto mais pobre o interessado, tanto maior a tentação de apostar na justiça. Sentir-se ou não com razão, ter provas ou ter de inventá-las, torna-se irrelevante. A possível condenação como litigante de má-fé não assustará quem somente tem bens impenhoráveis". O que importa a esse aventureiro "é a possibilidade de safar-se de um aperto, sem custo, de modo célere e informal".

Por outro lado, salienta-se que a compreensão do procedimento judicial constitui-se em importante elemento para aproximar o cidadão da tutela jurisdicional do Estado. Conforme descrito por Franz Kafka,[184] o processo judicial é, para o leigo, uma figura nebulosa e intangível, somente compreendida pelos letrados na matéria. Marinoni e Arenhart[185] afirmam que a informação sobre o procedimento facilita o *approach* do cidadão com a jurisdição.

Não se está aqui pleiteando a extinção desse acesso aos litigantes hipossuficientes; ao contrário, o que se está afirmando é que

---

tituição". Assim, conheceu do RE e deu-lhe provimento para anular o acórdão recorrido e determinar que, afastada a deserção, seja realizado novo julgamento do recurso pelo 1º Juizado Especial Cível de Belfort Roxo. Os demais ministros votaram com o relator.

[182] Conforme pesquisa de campo realizada com os usuários dos Juizados das comarcas de Passo Fundo e Carazinho, 61% dos usuários entrevistados não foram informados sobre o procedimento dos processos, ou seja, sobre a forma como é conduzida a demanda, e 67% dos profissionais entrevistados entendem que a assistência jurídica fornecida pelas varas dos Juizados Especiais Cíveis, através do atendimento nos balcões por serventuários e/ou estagiários, não é apta para traduzir, efetivamente, os direitos das partes em juízo. (Apêndices "A", "B", "C" e "D").

[183] TESHEINER, José Maria Rosa. *Os Juizados especiais cíveis e a gratuidade da justiça.* Disponível em: http://www.tex.pro.br. Acesso em: 02 out. 2002.

[184] KAFKA, Franz. *O processo.* São Paulo: Companhia das Letras, 2003, passim.

[185] MARINONI, Luiz Guilherme; ARENHART, Sérgio Cruz. *Manual do processo de conhecimento.*São Paulo: RT, 2001, p. 655.

o acesso à justiça não se reduz ao acesso ao processo e, por esse motivo, deve ser estendido a todos, sem nenhuma diferenciação, respeitando-se as garantias processuais constitucionais, principalmente se solidificando o devido processo legal. Certo é que o acesso à justiça deve ser garantido.

Entretanto, deve ser coibido todo uso indevido de processos estabelecidos apenas pela facilidade encontrada para o ajuizamento de ações manifestamente descabidas. Como bem afirma Paulo César Santos Bezerra,[186] "se acesso à justiça significasse apenas facilidade de ajuizamento de ações e oferecimento de defesa, nisso o Brasil não estaria mal. Os obstáculos apontados de custos de processo e de morosidade da justiça não são os causadores da falta de acesso".

Em suma, acesso à justiça, de um lado, quer assegurar a todos o direito de postular nos órgãos judicantes; de outro, quer traduzir a garantia do direito de igualdade material das partes no curso do processo, de modo a viabilizar uma sentença justa. Nessa perspectiva, passa-se a discorrer sobre alguns tópicos e situações nas quais se entende não estarem sendo efetivadas as garantias processuais constitucionais, em especial o devido processo legal.

4.2. Do excesso de informalismo e da ausência do contraditório

Se, de um lado, o formalismo do processo tende a prejudicar a dinâmica a que se sujeitam as relações jurídicas litigiosas, de outro, também não deixa de ser um dínamo que equilibra a balança da justiça objetiva do processo. Todavia, o formalismo não pode escravizar o dever legal do órgão aplicador, de tal sorte que o conteúdo de forma ultrapasse o mérito do conteúdo de fundo.

Justamente por ser dinâmico, o processo necessita que lhe injetem energia na busca da aplicação dos fatos. As normas jurídicas processuais que em si contêm formas e fundos são os dínamos abstratos de que as partes e o órgão aplicador precisam para que o processo se movimente funcionalmente e se torne um instru-

---

[186] BEZERRA, *Acesso à justiça*, p.128.

mento prático a serviço da ordem jurídica. Por essa razão, como bem observa Benedito Hespanha,[187] na realidade prática, as normas processuais são regras abstratas e globais de forma e de fundo que justificam a existência, o objeto e o fim da administração da justiça; previamente reguladas, vivificam o fundamento de validade da vida do processo. O campo da aplicação do direito deve ser delineado e predeterminado, fornecendo não o limite, mas a moldura formal do direito que se litiga no processo. Sem essa moldura formal, a administração da justiça pública, que é fim necessário, teria óbices na formalização dos justos limites do processo:

> O processo é fim do qual o Estado não pode eximir-se sob o pretexto da falta de normas jurídicas processuais aplicáveis ao caso concreto. Chega-se facilmente a conclusão de que a forma tem de acompanhar a evolução do Direito, no sentido de atualizar o processo e a administração da justiça. [...] O processo, por conseguinte, há de ser um porto seguro na partida e na chegada.

Para Benedito Hespanha,[188] segurança e fim da administração da justiça, além de concorrerem para a coerência lógica da aplicação do direito, não tanto da vontade da lei, do legislador ou do órgão aplicador, induzem a que o exercício da tutela jurídica seja a expressão da vontade de quem crê no reconhecimento de seu próprio poder jurídico.

Observam, oportunamente, Tourinho Neto e Figueira Júnior[189] que a direção do processo deve ser o poder-dever do juiz, que, não obstante a necessidade de orientar-se pelos princípios norteadores do microssistema dos Juizados Especiais, não poderá descurar também, dentre outras regras orientadoras desses órgãos, de assegurar às partes igualdade de tratamento, prevenir ou reprimir qualquer ato contrário à dignidade da justiça e, a qualquer tempo que entender conveniente, além dos momentos procedimentais previamente definidos em lei, tentar a conciliação entre os litigantes.

Até na última etapa procedimental, no entender ainda de Tourinho Neto e Figueira Júnior, a qual se encerra com a prolação da sentença, o juiz pratica atos e exerce poderes de polícia, instrutórios,

---

[187] HESPANHA, Benedito. *Tratado de teoria do processo*. Rio de Janeiro: Forense, 1986, v. 1, p.75 e ss.

[188] HESPANHA, *Tratado de teoria do processo*, p. 75 e ss.

[189] TOURINHO NETO, Fernando da Costa; FIGUEIRA JÚNIOR, Joel Dias. *Juizados especiais federais cíveis e criminais*. São Paulo: RT, 2002, p. 146.

decisórios, dentre outros, destinados a obter a consecução da tutela jurisdicional justa, norteado pelo princípio constitucional processual do devido processo legal.

Outrossim, como já salientado em capítulo anterior, nos Juizados Especiais Cíveis é defeso a produção de provas técnicas, com o que fica manifesto o cerceamento de defesa. Por serem causas com valores limitados, não significa que não sejam complexas. É necessária a formação de uma "cognição adequada",[190] em correspondência com um procedimento qualificado pelo contraditório. Nesse sentido, frisa-se que a Lei 10.259/01, que regula os Juizados Especiais Federais, admite, expressamente, a produção de prova técnica, ou seja, a realização de exame pericial, ficando a cargo do juiz a cognição de ser imprescindível ou não, diferentemente do que estatui a Lei 9.099/95, que se limita à inquirição de técnicos, à formulação de parecer dos *experts* indicados pelas partes e à realização de inspeção judicial.

Assim, as lides que se instauram nos Juizados, se comparadas com aquelas que tramitam nos Juizados estaduais, apresentam particularidades próprias no plano do direito material e, em não raros casos, complexidade no plano dos fatos. Essa complexidade, ao gerar dificuldades para o deslinde do conflito, exige, muitas vezes, a realização de prova pericial através de laudo técnico específico, inclusive revestido de todas as formalidades legais. O fato de o valor máximo dessas lides ser fixado em quarenta salários não indica serem as causas pequenas e simples, até porque o requerente pode simplesmente desistir do valor excedente.

Desse modo, em decorrência do excesso de informalismo aplicado aos Juizados Especiais, ausente está o princípio do contraditório. Segundo artigos 28 e 33 da Lei 9.099/95, as partes devem produzir as provas, inclusive as documentais, somente na audiência de instrução e julgamento. Entretanto, ocorre que nem sempre é possível às partes litigantes contraditar as provas na mesma ocasião de seu conhecimento.

---

[190] Sobre a expressão "cognição adequada", ver tese de doutorado de Kazuo Watanabe (*Contribuição ao estudo da cognição no processo civil.* São Paulo, 1985). No mesmo sentido, v. Cândido Dinamarco (*A instrumentalidade do processo.* 7. ed. São Paulo: Malheiros, 1999).

Para Vicente Greco Filho,[191] "todos os procedimentos especiais não são mais do que redistribuições das faculdades processuais em termos e prazos próprios, com o fim de melhor atender o Direito Material, favorecendo, portanto, ora o autor, ora o réu." Existem, também, diferenças de tratamento processual quando a lei, seguindo a mesma orientação do direito material, atribui maior força, rapidez ou efetividade ao interesse do autor, ou, ao contrário, impõe maiores faculdades à defesa. Entretanto, esclarece o autor que essa redistribuição, se coerente com o direito material e não violando a garantia básica do contraditório, é justificável e constitucionalmente válida: ao réu sempre deve ficar reservada a oportunidade de contestação e de promover os meios pertinentes à sua defesa; ao autor, por sua vez, deve ser garantida a apreciação jurisdicional de sua pretensão. A ambos não deve ser permitido o direito absolutamente protestativo de submeterem a outro a sua vontade, sem apreciação judicial e oportunidade de oposição.

Nesse contexto, tal não ocorre com os Juizados Especiais Cíveis, pois é indispensável que entre as partes e o juiz se construa um diálogo cognitivo no sentido da melhor capacitação daquele para decidir a demanda em discussão. Assim, para que a "paridade de armas" esteja presente no procedimento dos Juizados, torna-se imprescindível que a juntada das provas documentais, tanto por parte do autor como do réu, seja realizada por ocasião da audiência de conciliação. Como bem alude Cândido Rangel Dinamarco:[192] informação mais reação com diálogo, eis a receita do contraditório.

4.3. Dos juízes leigos e dos conciliadores

No art. 5º, XXXVII, a Constituição Federal estabelece que "não haverá juízo ou tribunal de exceção", complementando no inc. LIII do mesmo dispositivo que "ninguém será processado nem sentenciado senão pela autoridade competente". Tais dispositivos consagram os princípios do juiz natural e do promotor natural. Segundo

---

[191] GRECO FILHO, Vicente. *Os direitos individuais e o processo judicial.* São Paulo: Atlas, 1977, p. 89. (Coleção Universitária de ciências humanas, v. 6).

[192] DINAMARCO, *A instrumentalidade do processo*, p. 305.

tal mandamento, não é possível que um tribunal seja criado ou designado para julgar apenas determinado caso. Juízes serão, pois, aqueles constitucionalmente previstos, devendo ser pré-constituídos pela lei ou pela própria Constituição.

A discussão instaura-se em se saber se os Juizados se equiparam às justiças especializadas, as quais têm a competência de julgar determinados assuntos, como o caso dos litígios envolvendo matéria trabalhista, militar e eleitoral, conforme prevê o at. 92 da Constituição Federal. No entendimento de Vicente Greco Filho,[193] as leis de organização judiciária podem criar varas especializadas para o julgamento de causas cíveis ou criminais de determinadas matérias sem que, com isso, se viole o princípio do juiz natural:

> As varas especializadas se inserem na estrutura regular do Poder Judiciário, seus juízes têm as garantias de investidura e exercício e têm competência geral para todos os fatos posteriores sobre a matéria especificada. Não há, portanto, nesse caso qualquer inconstitucionalidade.

Sobre isso, observa, oportunamente, Juliano Spagnolo[194] em seu artigo sobre as garantias do cidadão no processo civil que, sem dúvidas, os Juizados Especiais não ferem a garantia do juiz natural, uma vez que são instituídos por lei, sendo órgãos do Poder Judiciário previamente constituídos. Salienta ainda que a garantia do juiz natural contrapõe-se não a juízo especial, mas, sim, a juízos de exceção ou instituídos para contingências particulares.

No mesmo sentido leciona Ada Pellegrini Grinover,[195] para quem o juiz natural, em sua dupla garantia, não se contrapõe aos Juizados, não podendo se confundir pré-constituição com prévia distribuição de competências, ora em razão das pessoas, ora em razão da matéria. Para a autora, ainda há que se diferenciar tribunais de exceção (transitórios e arbitrários) de justiça especializada (permanente e orgânica): "os primeiros funcionam *ad hoc,* para cada caso concreto, enquanto que a segunda aplica a lei a todos os casos de determinada matéria ou que envolvam determinadas partes".

---

[193] GRECO FILHO, *Os direitos individuais e o processo judicial*, p. 79.

[194] SPAGNOLO, Juliano. A garantia do juiz natural e a nova redação do art. 253 do código de processo civil. In: PORTO, Sérgio Gilberto (Org.). *As garantias do cidadão no processo civil*. Porto Alegre: Livraria do Advogado, 2003, p.157.

[195] GRINOVER, Ada Pellegrini. O princípio do juiz natural e sua dupla garantia. *Revista de Processo*, São Paulo: RT, n. 29, jan./mar. 1983, p. 11 e ss.

Outrossim, há que se salientar que, nos Juizados, minutos antes da audiência, há o "sorteio" dos processos para os conciliadores ou juízes leigos presentes. Tanto os juízes leigos como os conciliadores passam a conhecer o conflito quase que ao mesmo tempo da audiência, o que impede uma cognição adequada dos fatos.

Outro questionamento que se faz é se a figura do juiz leigo estaria prevista constitucionalmente. Horácio Wanderlei Rodrigues afirma que a Lei 9.099/95, ao estabelecer que os juízes leigos devem possuir cinco anos de experiência advocatícia, cometeu um grave equívoco, tendo em vista que leigo é aquele que não possui a qualificação técnica específica, no caso, o título de bacharel em direito. Percebe o autor que o que ocorreu, na prática, foi que o legislador transpôs, em parte, os dispositivos constantes na Lei 7.244/84, referente à figura do árbitro, para a Lei 9.099/95, substituindo-o, no entanto, pela figura do juiz leigo, numa atitude extremamente infeliz. "Muito melhor teria feito se tivesse mantido a denominação de árbitro, tendo em vista que o juiz leigo, da forma como foi redigida a nova lei, exerce efetivamente esse papel, quando houver a opção pela arbitragem".[196] Assim, tendo em vista que a lei ordinária não pode contrariar o preceito da Lei Maior, conclui que a exigência de que o juiz leigo deva possuir cinco anos de experiência advocatícia é flagrantemente inconstitucional.

Além disso, cabe ressaltar a função criadora do juiz, o que não ocorre no Juizado em virtude de o juiz togado ou pretor não participar das audiências. Como afirmam Tourinho Neto e Figueira Júnior[197] ao concluírem seus estudos sobre os Juizados Federais, o conceito de solução de conflitos precisa mudar: "É mister que o juiz vivencie os problemas dos indivíduos, sintam-nos como homens e não como objetos, que a questão seja resolvida com base na realidade da vida e não na dos códigos".

O processo de humanização da magistratura termina colocando os juízes diante de vários desafios. O primeiro deles tem a ver com a necessidade de reformar o

---

[196] RODRIGUES, Horácio Wanderlei. *Juizados especiais cíveis*: inconstitucionalidades impropriedades e outras questões pertinentes. *Genesis, Revista de Direito Processual Civil*, Curitiba: Genesis, 1 ed. jan./abr. 1996.

[197] TOURINHO NETO, Fernando da Costa; FIGUEIRA JÚNIOR, Joel Dias, *Juizados especiais federais cíveis e criminais*, p. 765.

pensamento jurídico e suas instituições, repensar os meios com que o Direito foi pensado pela condição moderna.[198]

A função criadora do juiz aparece naquelas demandas em que os fatos jurídicos não estão previstos na norma jurídica como fatos hipotéticos, ou seja, naquelas hipóteses em que a lei não é clara, é lacunosa ou conflitante, ou quando o juiz, como no caso dos Juizados, está autorizado a decidir por eqüidade.

Assim, o magistrado cria quando aperfeiçoa o ordenamento jurídico; quando salvaguarda os princípios fundamentais da ordem jurídica; quando completa as lacunas do direito; quando assegura a adaptação do direito à evolução dos fatos; quando participa da regulamentação das situações de crise e, quando diante da irredutível presença do direito natural, se faz seu agente.[199] Como se pronunciou o 4° Grupo de Câmaras Cíveis de Porto Alegre ao julgar os embargos infringentes n° 70003967676, a falta de previsão legal não pode ser obstáculo ao juiz. "Aliás, essa é a função criadora do juiz, que, tendo de solver as questões que lhe são trazidas, com a sensibilidade que seu mister exige, deve ver a realidade e posicionar-se, pois tem o compromisso de cumprir sua missão de fazer justiça".[200]

No caso do Juizado Especial Cível, esse papel que deveria ser atribuído ao juiz togado foi repassado ao juiz leigo e ao conciliador, os quais, no procedimento desses Juizados, apresentam-se como hermeneutas, como criadores do direito, com força de equilíbrio social no desempenho de um poder político, objetivando fazer justiça nos casos individuais.

Entretanto, em razão da característica do informalismo e da oralidade, a função de aplicação humanístico-sociológica do direito acentua-se no Juizado, pois há necessidade do contato do hermeneuta com as partes; o juiz deve julgar envolvendo o ser humano e a dramaticidade da vida à luz da norma e das diretrizes do sistema legal. No entender do magistrado João Baptista Herkenhoff,[201] o intérprete serve de elo entre a linguagem da lei e a linguagem

---

[198] WARAT, Luiz Alberto. *Ofício do mediador*. Florianópolis: Habitus, 2001, p. 219.

[199] HERKENHOFF, João Baptista. *O direito processual e o resgate do humanismo*. Rio de Janeiro: Thex, 1997, p. 116.

[200] RIO GRANDE DO SUL. Tribunal de Justiça, 4° Grupo de Câmaras Cíveis. Embargos infringentes n° 70003967676. Porto Alegre.

[201] HERKENHOFF, op. cit., p. 126.

das aspirações e necessidades sociais que se apresentam no caso concreto.

Nesse diapasão, a conciliação prevista nos Juizados Especiais apresenta-se somente como meio para "desafogar" os inúmeros processos em trâmite nessas varas especializadas, o que não significa que sejam necessários juízes togados para tal função; apenas, que notório é o despreparo dos conciliadores, "o que termina por afetar o direito como instituição responsável por digerir, administrar e dirimir conflitos intersubjetivos".[202]

A pretensão do requerente muitas vezes será resistida em conciliações quase que forçadas pela desilusão da justiça ou por conciliadores tendenciosos e incautos, que, no afã de desobstruir seus pretórios, forçam acordos não poucas vezes injustos.[203] Assim, ao invés de ser cumprida a função primordial da conciliação, que é a pacificação social, o cidadão vê-se compelido[204] a abrir mão de parte de seu direito para que sua causa seja resolvida a tempo e a contento, desacreditando na "justiça", pois o processo, para o leigo, é visto como o único meio de acesso à justiça.

Como já tratado no tópico anterior, a conciliação é um dos princípios-escopo dos Juizados Especiais.[205] Contudo, é oportuno lembrar os ensinamentos de Luis Alberto Warat, para quem os conflitos nunca desaparecem, mas se transformam, visto que, como afirma o autor, geralmente se tenta intervir no conflito, não sobre o sentimento das pessoas. Por isso, recomenda que o mediador intervenha nos sentimentos das partes, não no conflito. O mediador deve ajudar as partes, levar a que olhem a si mesmas como se ele fosse alguma coisa absolutamente exterior a elas mesmas: "A mediação que realiza a sensibilidade é uma forma de atingir a simplicidade do conflito. Tenta que as partes do conflito se transformem desco-

---

[202] BEZERRA, *Acesso à justiça*, p. 84.

[203] BEZERRA, op. cit., p. 187.

[204] Conforme pesquisa de campo realizada nas comarcas de Passo Fundo e Carazinho, 14% dos usuários afirmaram terem sido constrangidos na realização do acordo judicial nos Juizados. (Apêndices "B" e "D").

[205] Conforme pesquisa de campo realizada com os usuários dos Juizados das comarcas de Passo Fundo e Carazinho, 62% das controvérsias são resolvidas por conciliação, sendo esta a pedra angular do sistema processual dos Juizados. (Apêndices "B" e "D").

brindo a simplicidade da realidade. A mediação com sensibilidade é uma procura da simplicidade".[206]

Logo, o juiz leigo e o conciliador, na visão de Tourinho Neto e Figueira Júnior,[207] não podem ter pressa; devem ter paciência para ouvir, calma, espírito conciliador e fidalguia de caráter; não devem jamais perder o controle ou se deixar afetar, chamar atenção para si mesmos e quererem ser as estrelas da audiência.

Recomenda-se que haja, antes da tradicional pergunta às partes sobre a possibilidade de conciliação, uma breve exortação sobre a conciliação e suas vantagens. O magistrado Luiz Fernando Tomasi Keppen[208] recomenda ainda o esclarecimento de que o processo civil se baseia em provas que nem sempre se realizam do modo esperado pelas partes; que a conciliação se apresenta como pacificadora dos conflitos, ao contrário da sentença, que impõe uma decisão. O autor lembra a vantagem em se obter acordos parciais até mesmo sobre pontos controvertidos ou questões processuais, como as preliminares, o que tornaria o processo menos oneroso e seu curso, mais rápido.

Sobre isso, contribui também Roberto Portugal Bacellar[209] ao discorrer sobre a mediação paraprocessual. O autor aconselha o conciliador a conversar com as partes para conhecer os motivos que originaram o conflito, mas sem se comprometer: "deve avançar com cautela, só propondo soluções quando perceber que poderá faze-lo sem antecipar o julgamento". A mediação, segundo o autor, pode ser conceituada como uma técnica *lato sensu* que se destina a aproximar pessoas interessadas na resolução de um conflito e induzi-las a encontrar, por meio de uma conversa, soluções criativas, com ganhos mútuos e que preservem o relacionamento entre elas.

---

[206] WARAT, *Ofício do mediador*, p. 31.

[207] TOURINHO NETO, Fernando da Costa; FIGUEIRA JÚNIOR, Joel Dias. *Juizados especiais federais cíveis e criminais*, p. 75.

[208] KEPPEN, Luiz Fernando Tomasi. *Revista de Processo*, São Paulo: RT, n. 84, p. 51 e ss.

[209] BACELLAR, Roberto Portugal. *Juizados especiais*: a nova mediação paraprocessual. São Paulo: RT, 2003, p. 77 e p. 174. Sobre técnicas de mediação, v. cap. 8 da referida obra, p. 193.

Por esse entendimento, a conciliação obtida nos Juizados muitas vezes apresenta-se prejudicial à garantia do cidadão na justiça. Por isso, deve, de imediato, haver uma preparação prévia dos conciliadores, por meio de um treinamento próprio para tanto, com cursos especializados de mediação, sejam eles advogados ou estagiários das faculdades de direito. Isso significa não se limitar, como ocorre no momento, a um modesto "roteiro para audiência de conciliação"[210] ou a encontros eventuais preparatórios para futuros conciliadores ou juízes leigos.

A efetividade do processo, nas palavras de Cândido Rangel Dinamarco, significa sua almejada aptidão a eliminar insatisfações, a fazer justiça e fazer cumprir o direito, além de valer como meio de educação geral para o exercício e respeito aos direitos individuais:

> A eliminação de litígios sem o critério da justiça equivaleria a uma sucessão de brutalidades arbitrárias que, em vez de apagar os estados anímicos de insatisfação, acabaria por acumular decepções definitivas no seio da sociedade.[211]

Enfim, sem que se possa deixar de citar Chiovenda,[212] à medida que for praticamente possível, o processo deve proporcionar a quem tem um direito tudo aquilo, e precisamente aquilo, que ele tem o direito de obter. Dessa forma, o Estado tem o dever de escolher, para presidir as conciliações e prolatar sentença, os conciliadores e os juízes mais sensíveis, mais experientes e seguros, preparados para um contato direto com as partes, de maneira informal e com simplicidade, sempre visando ao rápido andamento do processo através da mediação[213] de uma efetiva prestação jurisdicional.

---

[210] Roteiro para Audiência de Conciliação no Juizado Especial Cível, anexo "A". Disponível em: http://www.tj.rs.gov.br/institu/je/audiencias.html. Acesso em: 31 mar. 2004.

[211] DINAMARCO, *A instrumentalidade do processo*, p. 270.

[212] CHIOVENDA, Giuseppe. Dell'azione nascente dal contratto preliminare. *Saggi di diritto processuale civile*. 2. ed. Roma: Foro Italiano, t. I, 1930.

[213] Sobre a mediação endoprocessual nos Juizados Especiais Cíveis, v. CUNHA, J.S. Fagundes. Da mediação e da arbitragem endoprocessual. *Revista dos Juizados Especiais*, São Paulo: Fiuza, ano 4, v. 14, out./dez. 1999, p. 36.

4.4. O princípio da legalidade, do duplo grau de jurisdição e a obrigatoriedade do procedimento especial do Juizado

O duplo grau de jurisdição, como já referido no segundo capítulo, é entendido como garantia fundamental implícita derivada da própria organização constitucional do Poder Judiciário. É o duplo grau de jurisdição que efetiva o princípio da legalidade, servindo como instrumento de segurança, de controle e isonomia. Nesse contexto, entende-se o duplo grau de jurisdição como princípio implícito, derivado da garantia de ordem constitucional do princípio do devido processo legal, imprescindível à consecução dos fins da garantia do acesso à justiça em seu âmbito processual e material.

Luiz Guilherme Marinoni[214] refere que segurança e rapidez sempre foram as aspirações daqueles que sonham com uma tutela jurisdicional adequada, e o duplo grau atua mais como uma garantia da lentidão da decisão jurisdicional. Ainda para o autor, o duplo grau, "ao mesmo tempo em que permite mais uma 'opinião' sobre a causa, dilata o tempo do processo ou o tempo necessário à realização do direito do autor". "[...] O duplo grau somente deveria prevalecer em caso de matéria de direito, já que nesta hipótese é fundamental para a uniformização das decisões". Assim, propõe Marinoni a eliminação do duplo grau:

> – por enquanto – apenas no Juizado Especial Cível e no procedimento sumário, e somente – sublinhe-se – no tocante à matéria de fato. [...] A doutrina, quando trata do Juizado e do procedimento sumário, exalta a celeridade e a oralidade, mas não enxerga que há uma gritante contradição entre esta sua posição e a do culto ao duplo grau.

Em oposição ao exposto, encontra-se a doutrina de Anacleto de Oliveira Faria[215] e de Moacyr Amaral Santos,[216] os quais condenam o legislador por ofender, manifestamente, o princípio da isonomia na Lei 9.009/95, pois o privilégio de pleitear a revisão da sentença por uma corte hierarquicamente superior à do prolator da decisão

---

[214] MARINONI, Luiz Guilherme. *Tutela antecipatória e julgamento antecipado.* 5. ed. São Paulo: RT, 2002, p. 221.

[215] FARIA, Anacleto de Oliveira. *Do princípio da igualdade jurídica.* São Paulo: RT e USP. 1973, p. 240.

[216] SANTOS, Moacyr Amaral. *Primeiras linhas de direito processual civil.* São Paulo: Max Limonad. 1965, p. 147.

não está sendo concedido a todos os que ingressam em juízo. O fato de se vedar esse direito concilia-se com o princípio econômico do processo, mas funda-se na pouca importância ou repercussão social que teria o erro judiciário em causas de ínfimo valor. Alegam, ainda, tais doutrinadores que não é pelo valor econômico que se medem a magnitude do direito e as conseqüências jurídicas da sua violação.

Entretanto, entende-se que, independentemente de o duplo grau ser considerado um culto ou um princípio constitucional implícito, não são os recursos que entravam o Judiciário ou, como acentua Luiz Guilherme Marinoni, que dilatam o tempo do processo ou o tempo necessário à realização do direito do autor, mas a falta de aparelhamento do Judiciário ao efetivo cumprimento processual. Conforme já destacado, a título de exemplificação, alguns processos levam em torno de 120 dias somente para retornar dos tribunais à origem.

A Constituição Federal de 1988 estabelece ser admissível recurso extraordinário quando a decisão recorrida contrariar algum de seus dispositivos. Do contrário, restaria praticamente esvaziado o significado do princípio da legalidade, enquanto princípio constitucional em relação à atividade regulamentar do Executivo. Não há dúvida de que o princípio da legalidade consagra-se como direito fundamental (Constituição Federal, art. 5, II), mas exige-se, também, que os regulamentos observem os limites estabelecidos pela lei (Constituição Federal, art. 84, IV).[217] Assim, se ao Supremo Tribunal Federal compete, precipuamente, a guarda da Constituição Federal, é certo que das decisões das turmas recursais dos Juizados cabe recurso extraordinário,[218] pois, em caso contrário, haverá uma fragilização da força normativa da Constituição. A propósito, vale transcrever a lição de Konrad Hesse:

> [...] Um ótimo desenvolvimento da força normativa da Consituição depende não apenas do seu conteúdo, mas também de sua práxis. De todos os participes da vida constitucional, exige-se partilhar aquela concepção anteriormente por mim de-

---

[217] Conforme decisão do Supremo Tribunal Federal, Recurso Extraordinário nº 347528.

[218] Nesse sentido, ALVES, Moreira. Poder Judiciário. In: MARTINS, Ives Gandra da Silva. *A Constituição Brasileira de 1988*: interpretações. Rio de Janeiro: Forense Universitária, p. 204.

nominada vontade de Constituição (Wille zur Verfassung). Ela é fundamental, considerada global ou singularmente. Todos interesses momentâneos – ainda quando realizados – não logram compensar ganho resultante do comprovado respeito à Constituição, sobretudo naquelas situações em que a sua observância revela-se incômoda. [...] Aquele que, ao contrário, não se dispões a esse sacrifício, 'malbarata, pouco a pouco, um capital que significa muito mais do que todas as vantagens angariadas, e que, desperdiçando, não mais será recuperado.[219]

O princípio do duplo grau de jurisdição, conforme significativo entendimento de Cintra e Grinover,[220] "esgota-se nos recursos cabíveis no âmbito do reexame de decisão, por uma única vez. Os recursos de terceiro grau das Justiças trabalhistas e eleitoral, o recurso especial para o STJ e o extraordinário para o STF, não se enquadram na garantia do duplo grau, sendo outro seu fundamento". Além disso, a Súmula nº 203 do STJ veda o cabimento de recurso especial contra decisão proferida por órgão de segundo grau nos Juizados Especiais.

Apesar de tal entendimento, e pelo exposto no segundo capítulo, considera-se respeitado o princípio implícito do duplo grau de jurisdição nos Juizados Especiais Cíveis, pois, além de neles se garantir reexame integral da sentença através das turmas recursais, é admissível, ainda, em caso de ofensa constitucional, o recurso extraordinário, ou, em caso de ofensa de direito líquido e certo, mandado de segurança, interposto também perante tais turmas, independentemente de os atos serem do Juiz-Presidente do Juizado ou da própria turma.

Outrossim, é oportuno salientar que a ampliação e a obrigatoriedade da competência e do procedimento especial dos Juizados, conforme prevê o projeto de lei do Estado do Rio Grande do Sul,[221] aumentará ainda mais o volume de serviço, o que, além de impedir o aprimoramento de tal procedimento, conduzirá, quiçá, ao retorno à morosidade comum da justiça tradicional. Logo, haverá uma prestação judiciária ineficiente e, respectivamente, inconstitucional

---

[219] HESSE, Konrad. *A força normativa da Constituição*. Trad. Gilmar Ferreira Mendes. Porto Alegre: Sergio Antonio Fabris , 1991, p.21 e ss.

[220] CINTRA, Antônio Carlos de Araújo; GRINOVER, Ada Pellegrini; DINAMARCO, Cândido Rangel. Teoria geral do processo. 17. ed. São Paulo: RT, 1998.

[221] RIO GRANDE DO SUL. Projeto de lei n. 315/2003. Altera a Lei 9.446, de 06/12/91, que dispõe sobre os Juizados Especiais e de Pequenas Causas Cíveis. Projeto proposto pelo desembargador José Eugênio Tedesco. Cfe. anexo "B".

frente ao princípio da legalidade. A exclusão das vias ordinárias poderá também conduzir a resultados injustos. A respeito, imagine-se o caso de um pedido ilíquido, em que o autor tenha atribuído valor de alçada em virtude do valor aparentemente módico da ação, e que, ao final, com a execução, se chegasse a um valor maior de quarenta salários mínimos. Nesse caso, o autor teria de renunciar à diferença entre o valor do crédito e o teto de quarenta salários mínimos, limite da competência do Juizado, restando, assim, prejudicado substancialmente pela perda de parte daquilo a que tinha direito;[222] ou ainda, imagine-se uma ação que, após inúmeras tentativas de citação pelos meios admitidos nos Juizados, necessite de uma citação por edital. Tal processo deveria ser extinto, sem julgamento da pretensão do demandante, o que ocasionaria nova proposição da pretensão no foro comum.[223]

Além do mais, conforme já exposto, "pequeno valor" não significa necessariamente "pequena complexidade". Deve o demandante optar pelo procedimento que se coaduna mais com sua demanda, o que não se confunde com escolha de competência processual. O próprio princípio da simplicidade, inerente aos Juizados, exclui de sua apreciação qualquer causa complexa, tanto no aspecto material como no de direito, o que impede, eminentemente, qualquer pretensão de tornar obrigatório o procedimento especial dos Juizados especiais cíveis. José Carlos Barbosa Moreira bem traduz tal idéia quando afirma que "o remédio tem de ajustar-se às particulares características da enfermidade. Não há, nem pode haver, receita que se mostre igualmente adequada ao tratamento eficaz de toda e qualquer situação litigiosa". No universo processual, há pouco espaço para absolutos e muito para a interação recíproca de valores que não deixam de o ser apenas porque relativos. Como adverte ainda o autor, "um dos erros mais graves de determinado tipo de

---

[222] Cf. Luiz Guilherme Marinoni e Sérgio Cruz Arenhart (*Manual do processo de conhecimento*.São Paulo: RT, 2001, p. 659 e ss.), a competência dos Juizados é absoluta, fixada em razão da matéria, conforme *caput* do art. 3º da lei 9.099/95. Seus incisos apenas explicam quais sejam estas causas.

[223] Nesse sentido, ver DINAMARCO, Cândido Rangel. *Fundamentos do processo civil moderno*. 4. ed. rev. e atual. São Paulo: Malheiros, 2001, p. 1432; ROCHA, Felippe Borring. *Juizados especiais cíveis*: aspectos polêmicos da lei 9.099 de 26/9/1995. 3 ed. rev. e atual. Rio de Janeiro: Lumen Juris, 2003, p. 17; e CÂMARA, Alexandre Freitas. *Juizados especiais cíveis estaduais e federais*: uma abordagem crítica. Rio de Janeiro: Lumen Juris, 2004, p. 27.

dogmatismo foi – e é – o de descrever o mundo em preto e branco, ignorando os matizes variadíssimos que medeiam entre esses dois extremos".[224]

Enfim, trata-se de um enorme equívoco afirmar que o duplo grau seja responsável pela lentidão da justiça e que a obrigatoriedade pelo procedimento especial dos Juizados para determinadas pretensões diminuiria, consideravelmente, as demandas propostas no Judiciário, ocasionando-se uma efetiva e rápida prestação judicial. Caso não se invista, urgentemente, nos Juizados, tanto no aspecto quantitativo como no qualitativo, tomando-se por base as pesquisas divulgadas pelo Tribunal de Justiça do Rio Grande do Sul,[225] em pouco tempo as varas do Juizado estarão tão "congestionadas" quanto as varas da Justiça Estadual, independentemente da efetivação ou não do duplo grau de jurisdição. Como adverte José Carlos Barbosa Moreira,[226] não é fácil evitar que o aumento do tráfego piore novamente as condições da estrada e, por conseguinte, venha a tornar imprescindíveis, mais cedo ou mais tarde, novas obras de reforma. Além do mais, há que se lembrar: não existe justiça instantânea, precisa-se de tempo para efetivar o devido processo legal!

4.5. Da necessária intervenção do Ministério Público

A experiência brasileira quanto aos Juizados Especiais Cíveis tem identificado um determinado número de controvérsias que muito bem se lhe adaptam, como as demandas entre consumidores, produtores e distribuidores de produtos, indenizações de pequena

---

[224] MOREIRA, José Carlos Barbosa. Miradas sobre o processo civil contemporâneo. *Revista da Ajuris*, Porto Alegre: Ajuris, n. 65, ano XXII, nov. 1995, p. 102.

[225] Ao comparar os dados fornecidos pelo Tribunal de Justiça do Rio Grande do Sul no ano de 1995 (*Juizado de pequenas causas*: doutrina e jurisprudência. Porto Alegre: *Revista de Jurisprudência* e outros impressos do TJRS, n. 13., abr. 1995, p. 47), foram 11.499 processos iniciados, 6.748 processos terminados, isso só no estado do Rio Grande do Sul. Em 2002, (*Juizado de pequenas causas*: doutrina e jurisprudência. Porto Alegre: *Revista de Jurisprudência* e outros impressos do TJRS, n. 36-37, dez. 2002 – abr. 2003), também no RS, foram 184.761 processos iniciados, 171.578 processos terminados.

[226] MOREIRA, op. cit., p. 108.

monta, inclusive as decorrentes de acidentes de trânsito, cobranças de menor expressão econômica e despejos para uso próprio, entre outras.

Entretanto, cabe salientar a distinção entre as demandas referidas e as que envolvem questões de meio ambiente, ordinariamente inseridas no grupo das relações ordinariamente chamadas de "relações de vizinhança". Tais questões, como a discussão sobre cortes de árvores limítrofes, freqüentemente, são julgadas sem a representação do Ministério Público,[227] o que é um relevantíssimo órgão de fiscalização da lei, uma vez que, para assegurar e fiscalizar a aplicação da lei, o Estado age administrativa ou jurisdicionalmente.

Além das situações que, comumente, os Juizados Especiais Cíveis abarcam, como situações jurídicas individuais e disponíveis pelos sujeitos de direito, tais como as relações de crédito e débito e as relações entre locador e locatário, dentre outras, existem as "situações jurídicas socializadas que transcendem as pessoas individualmente consideradas",[228] como as questões que envolvam o meio ambiente ou as relações de consumo. Segundo Sérgio Gilberto Porto, são, além dos chamados "interesses individuais indisponíveis", os interesses sociais que integram o campo de atuação preferencial do Ministério Público, a quem cabe a defesa ativa ou interventiva, "observada, evidentemente, a disciplina de compatibilidade do art. 129, da Carta Federal, cuja enumeração das funções institucionais é meramente exemplificativa, eis que – até mesmo – inc. IX, do dispositivo sobre análise, encara tal interpretação".

Conforme já mencionado, os Juizados trazem com eles a idéia de amplo e efetivo acesso à justiça da mesma forma que o Ministério Público, a quem cabe a defesa, em juízo ou fora dele, de interesses sociais e individuais indisponíveis, notadamente para tutelar direitos de difícil proteção pelos seus titulares. Portanto, sendo convergentes as finalidades, necessária se faz a integração entre a atividade do Ministério Público, como instituição facilitadora do acesso à justiça e de defesa dos direitos, e a efetividade processual

---

[227] PASSO FUNDO. Comarca de Passo Fundo. Processo n. 02100485326.

[228] PORTO, Sérgio Gilberto. O Ministério Público no Estado moderno. *Revista do Ministério Público*, Porto Alegre: Ciência Jurídica Nova Alvorada, n. 40, jan./jun. 1998, p. 116.

através dos Juizados. Imaginar qualquer impedimento à atuação ministerial nos Juizados Especiais Cíveis, seja como órgão agente, seja como interveniente, afora as matérias excluídas por lei, é obstar ao próprio cidadão, destinatário final do labor judicial do MP, o acesso à justiça.

Nessa linha de percepção inclui-se Cristiano Chaves de Farias, para quem dificultar a defesa de determinados interesses, negando a legitimidade do Ministério Público para demandar nos Juizados Especiais Cíveis, dentro dos contornos legais, seria enorme incongruência, pois estar-se-ia negando o próprio acesso à justiça.[229] Para o autor, "não há nenhuma incompatibilidade na atuação do *Parquet* junto aos Juizados Especiais Cíveis, havendo, ao revés, plena comunhão de interesses e finalidades entre eles, devendo o MP, sempre que possível, enquadrar a pretensão nas latitudes da LJEC", demandando e obtendo nos Juizados solução mais célere e eficaz para os conflitos que salvaguarda.

Ao Ministério Público cabe a defesa do meio ambiente natural, inclusive o acompanhamento de qualquer ação cível para a proteção do mesmo, como nas questões sociais de vizinhança já referidas, as quais, muitas vezes, versam sobre conflitos decorrentes de árvores limítrofes, ocasionando poda e cortes dessas. Assim, deve atuar como parte tuteladora de interesses supra-individuais em todas as ações que versem sobre interesses agasalhados pela Lei 7.347/85, como é o caso das questões de meio ambiente.[230] A própria Lei dos Juizados prevê, em seu artigo 11, a intervenção do Ministério Público nos casos previstos em lei; caso contrário, ausente o órgão ministerial na sua faixa de atuação processual, "a justiça não se faz de modo completo ou melhor dito, vênia concedida, se faz de

---

[229] FARIA, Cristiano Chaves de. Os Juizados Especiais Cíveis como instrumento de efetividade do processo e a atuação do Ministério Público. *Genesis: Revista de Direito Processual Civil*, Curitiba, n. 17, jul./set. 2000, p. 484. Sobre a intervenção do Ministério Público nos Juizados Especiais, v.: CAVALCANTE, Mantovanni Colares. O Ministério Público nos Juizados Especiais Cíveis. *Revista dos Juizados Especiais*, São Paulo: Fiuza, ano 3, v. 7, jan./mar. 1998, p. 17; BELLINETTI, Luiz Fernando. A intervenção do Ministério Público nos Juizados Especiais Cíveis. *Revista de Processo*, São Paulo: RT, ano 22, n. 87, jul./set. 1997, p. 88.

[230] PORTO, Sérgio Gilberto. *Sobre o Ministério Público no processo não-criminal*. 2. ed. Rio de Janeiro: Aide, 1998, p. 52.

forma viciada, daí decorrendo necessária invalidade não-somente processual".[231]

Mesmo após essa perfunctória análise, entretanto, é certo que a ausência do Ministério Público nas demandas em que se reclama sua atuação, conforme leciona Sérgio Gilberto Porto, não importa somente em nulidade, "mas em verdadeira inconstitucionalidade, pois o propósito da essencialidade à função jurisdicional encerra a idéia de tornar a presença do Ministério Público obrigatória por disposição constitucional".[232]

Assim, desrespeitada a presença do Ministério Público em determinadas demandas que tramitam no procedimento especial dos Juizados, conforme alguns casos citados a título de exemplificação,[233] viola-se o devido processo legal. A presença do Ministério Público como fiscalizador em determinadas causas é essencial para que tenham validade, visto ser órgão essencial à função jurisdicional do Estado.

4.6. A assistência jurídica através do atendimento nos balcões

A Constituição Federal de 1988 conferiu aos advogados a qualidade de indispensável à administração da justiça. Tal indispensabilidade não tem cunho corporativo à classe ou reserva de mercado

---

[231] PORTO, O Ministério Público no Estado moderno, *Revista do Ministério Público*, p. 111.

[232] PORTO, *Sobre o Defensoria Pública no processo não-criminal*, p. 17; PORTO, O Ministério Público no Estado moderno, *Revista do Ministério Público*, p. 111.

[233] No processo n° 02100485326, tramitado na comarca de Passo Fundo e cadastrado como assunto de vizinhança, foi realizado acordo para a demandada proceder à poda de uma árvore nogueira *pecan* e ao corte de parte de seus galhos. Verifica-se, diante a análise dos autos, que o Ministério Público (MP) não figurou como parte da lide, nem mesmo teve vista para homologar tal acordo. Após, com o falecimento da demandada, sua filha, representando o espólio, interviu no processo com o fim de anular tal acordo, pois a referida árvore apresentava arquitetura de copa totalmente alterada devido às podas, sendo provável sua morte caso houvesse podas sucessivas. Outrossim, a mesma requereu intimação ao MP para que o mesmo se manifestasse sobre o assunto. O senhor pretor indeferiu tal pedido e ordenou o cumprimento do acordo.

profissional, e, sim, o fim de assegurar às partes suas garantias, efetivando a cidadania.

Os Juizados Especiais Cíveis deveriam ter defensores públicos disponíveis para auxiliar no atendimento, visto que a realidade brasileira demonstra a necessidade de assistência técnica. Por outro lado, bem se sabe que é universal, em qualquer sistema e reforma processual, a busca por uma justiça de valor módico e acessível. Assim, a assistência jurídica somente através da Defensoria Pública oneraria demasiadamente o Estado, resultando em custas processuais, o que demonstra a necessidade de buscar formas alternativas de assistência, como a prestação de serviços advocatícios através de trabalhos voluntários.

Entretanto, o "acesso à justiça" que se oferece nos Juizados é através do atendimento no balcão das varas, por funcionários e/ou estagiários de direito não qualificados para tanto. As peças preambulares são elaboradas, comumente, sem o auxílio sequer de algum advogado, sendo redigidas, na maioria das vezes, por funcionários e estagiários despreparados e alheios aos direitos existentes no ordenamento jurídico, ocasionando, com isso, o aumento de demandas infrutíferas dos aventureiros e, conseqüentemente, o dispêndio econômico infrutífero pelo Judiciário. É essa a justiça processual que está à disposição da comunidade.

Quem está em juízo tem o direito de se valer de todos os meios possíveis para a defesa de suas pretensões, o que raramente poderá ser feito sem a presença de alguém que detenha conhecimentos técnicos específicos e seja capaz de transitar com desenvoltura pelos complexos caminhos legais.[234] O direito à assistência jurídica[235] é garantia dos cidadãos, não do profissional; aos primeiros, a administração da justiça pressupõe a "paridade de armas", mediante a representação e a defesa dos interesses das partes por profissionais com idêntica habilitação e capacidade técnicas. "O acesso igualitá-

---

[234] LEAL, Rogério; HENNIG. Mônia. O acesso à justiça e o Juizado Especial Cível. *Revista dos Juizados Especiais*, Porto Alegre: TJ, n. 22., abr. 1998, p. 12.

[235] Cfe. já elucidado no tópico "Acesso à Justiça", não se confunde o instituto da assistência jurídica integral com o instituto da assistência judiciária e o instituto da gratuidade da justiça.

rio à justiça e a assistência jurídica adequada são direitos inalienáveis do cidadão".[236]

Não raro, encontram-se sentenças provenientes dos Juizados destituídas pelas câmaras recursais, por serem *extra petita*, pelos simples fato de faltar qualificação por parte dos atendentes que redigem a pretensão do cidadão que se apresenta.[237] Outro fato constatado, e que demonstra tamanha desqualificação funcional dos juizados, é um julgamento de mérito de questão que envolvia partilha,[238] cuja competência é exclusiva das varas especializadas. Tal lide versava sobre a cobrança de dívidas que não tinham sido partilhadas na ocasião da separação.

Dessa forma, para suprimir tal ilegalidade, a Defensoria Pública, ou advogados particulares, através de trabalho voluntário, deveria estar ao alcance de todo cidadão; fala-se aqui, contudo, de efetivo acesso à assistência judiciária integral, com determinada estrutura que atenda às demandas sociais também dos Juizados. Para isso, deveriam estar presentes nos Juizados Especiais Cíveis, ou em local próximo e de fácil acesso, defensores públicos ou voluntários para atender às partes que não tenham possibilidade de suportar a remuneração de advogados particulares e que necessitem da assistência de advogado para orientação e informação de seus direitos, como também para promover a defesa da causa em 1º grau de jurisdição, ou em grau de recurso.

Em suma, pode-se afirmar que a assistência judiciária não significa apenas defesa técnica processual. Assim como toda estrutura dos Juizados Especiais Cíveis, funciona como meio de atendimento aos anseios da população quanto à democratização do país em todos os planos, não só jurídico, como também político, econômico e social, e, sobretudo, como instrumento de acesso à ordem jurídica justa.

---

[236] BEZERRA, *Acesso à justiça*, p.234.

[237] Como exemplo de tais decisões, pode-se citar o Processo nº 2101021005, o qual teve a sentença de primeiro grau duas vezes caçada por ser *extra petita*. O mesmo foi distribuído em 06.05.2002 e arquivado em 28.10.2003, para, somente após, a parte-autora efetivar sua pretensão através de pedido adequado, redigido por advogado.

[238] PASSO FUNDO. Comarca de Passo Fundo. Processo nº 02100485326.

De outra banda, como declara ainda José Carlos Barbosa Moreira,[239] foi sempre clara, ao longo dos séculos, a noção de que a simplicidade de procedimento, em linha de princípio, varia na razão inversa da extensão das garantias e que a diminuição da complexidade muitas vezes impõe que se tratem determinados problemas com menor delicadeza, que se despreze tal ou qual exigência da etiqueta.

Diante disso, fica a dúvida sobre o que mais importa: efetivar as garantias das partes em juízo ou simplificar os procedimentos? Para responder a tal indagação, retomam-se, mais uma vez, as palavras de José Carlos Barbosa Moreira:

> Se uma justiça lenta demais é decerto uma justiça má, daí não se segue que uma justiça muito rápida seja necessariamente uma justiça boa. O que se pretende é que a prestação jurisdicional venha a ser melhor do que é. Assim, se para torná-la melhor é preciso acelerá-la, muito bem: não, contudo, a qualquer preço.[240]

Enfim, espera-se que o sonho de justiça, que, segundo Kelsen,[241] é o sonho mais formoso da humanidade, idealizado com o surgimento dos Juizados, não fique apenas na ilusão de um dia ter se tentado. Que a lucidez desperte, na certeza de que a justiça é um ideal possível de ser alcançado!

---

[239] MOREIRA, José Carlos Barbosa. Miradas sobre o processo civil contemporâneo. *Revista da Ajuris,* Porto Alegre: Ajuris, n. 65, ano XXII, nov. 1995, p. 96.

[240] MOREIRA, José Carlos Barbosa. O futuro da justiça: alguns mitos. *Revista de Processo,* São Paulo: RT, ano 26, n. 102, abr./jun. 2001, p. 232; *Revista Síntese de Direito Civil e Processo Civil,* ano I, n. 6, jul./ago. 2000, p. 36.

[241] KELSEN, Hans. *O que é justiça?* São Paulo: Martins Fontes, 1996.

5. Pesquisa de campo

É importante ressaltar, primeiramente, algumas dificuldades enfrentadas na execução da presente pesquisa de campo, até para que se justifiquem suas limitações, comum em qualquer pesquisa desse gênero.

Inicialmente, determinou-se o número de participantes colaboradores e a localidade de realização da pesquisa, a fim de viabilizá-la. Foram selecionados nove alunos[242] do bacharelando em direito, os quais atuam no grupo de pesquisa "Princípios Constitucionais Processuais" da Faculdade de Direito da Universidade de Passo Fundo. A pesquisadora e os bacharelandos participantes foram divididos em seis grupos, cada qual responsável por um público-alvo predeterminado:

a) Grupo 1 – entrevistas com profissionais e usuários do Juizado Especial Cível nas dependências do foro da comarca de Passo Fundo;

b) Grupo 2 – entrevistas com profissionais e usuários do Juizado Especial Cível nas dependências da vara do Juizado conveniada com a Faculdade de Direito da Universidade de Passo Fundo, localizada no Campus III;

c) Grupo 3 – entrevistas com serventuários da Justiça Estadual (juízes togados, promotores, conciliadores, juízes leigos, procuradores do Estado e da República), em Passo Fundo;

---

[242] Letícia Virginia Leidens, Ana Paula Martinelli, Marina Zancanaro Borowski, Elisabete Chaves da Silva, Igor Rocha Tusset, Aldo Neri de Vargas Junior, Daniela Gomes, Katia Matiotti Camino e Kelli Menin.

d) Grupo 4 – entrevistas com advogados militantes da comarca de Passo Fundo, através de visitas em seus escritórios particulares;

e) Grupo 5 – entrevistas com profissionais e usuários do Juizado Especial Cível nas dependências do foro da comarca de Carazinho;

f) Grupo 6 – entrevistas com professores da Faculdade de Direito da Universidade de Passo Fundo, através de visitas em seus escritórios particulares e via e-mail.

Ressalta-se que a grande dificuldade encontrada, além da limitação de espaço e tempo, foi a obtenção das informações através dos questionários, pois muitas pessoas se recusavam a responder às questões formuladas. Alguns usuários tinham receio de participar da pesquisa; outros se encontravam nervosos em virtude da audiência, pois a entrevista era realizada no mesmo horário e local das audiências de conciliação e instrução. Quanto aos profissionais de direito que se recusaram a responder, alegavam não ter conhecimento adequado sobre os princípios constitucionais processuais e/ou sobre o procedimento do Juizado Especial Cível, principalmente os promotores de justiça.

Outra limitação foram os horários de funcionamento das audiências dos Juizados Especiais Cíveis, as quais eram realizadas em horário noturno, a partir das 18 horas, o que, de certa forma, dificultou aos participantes proceder às entrevistas com os cidadãos usuários.

Entretanto, apesar de tais dificuldades, inclusive por a pesquisa de campo não ser tradição na seara jurídica, reduziu-se o universo de pessoas dispostas a responder tais questionários, o que prejudicou, de certa forma, o desempenho da presente pesquisa, mas sem restringir o valor científico a ela atribuído.

5.1. Finalidade e objetivos

A presente pesquisa pretendeu investigar a efetividade do devido processo legal e de outros princípios constitucionais processuais nos Juizados Especiais Cíveis. Objetivou também analisar se a lei que regula esses Juizados é constitucional perante as garantias constitucionais processuais, se existe conformidade entre a prestação jurisdicional dos Juizados e as garantias fundamentais que regem o processo civil brasileiro. Também objetivou analisar o grau de satisfação segundo um delimitado universo de operadores de direito e usuários do Juizado Especial Cível e obter, através da comunidade questionada, o nível de percepção da efetividade das garantias constitucionais processuais.

5.2. Metodologia, localidade e público-alvo

Utilizando-se o método qualitativo, a pesquisa foi realizada no primeiro semestre de 2004, por meio de dois questionários padrão:[243] um dirigido aos profissionais de direito, composto por vinte questões; outro aos cidadãos usuários do Juizado Especial Cível, composto por dez questões. As respostas das questões eram de múltipla escolha, podendo o entrevistado escolher as seguintes alternativas: "sim"; "não"; "não tenho opinião formada".

Foram entrevistados 121 profissionais de direito pessoalmente, em seus escritórios, no local de funcionamento dos Juizados, ou via e-mail, entre eles professores da Faculdade de Direito da Universidade de Passo Fundo, advogados militantes, procuradores estaduais e federais, promotores, juízes, juízes leigos, conciliadores e outros serventuários da Justiça Estadual.

Cento e onze usuários do Juizado Especial Cível foram questionados pessoalmente no local de funcionamento dos Juizados da comarca de Passo Fundo e Carazinho, em horários de funcionamento das audiências de conciliação, instrução e julgamento.

5.3. Análise dos dados e resultados

Os dados colhidos na pesquisa de campo foram interpretados em conformidade com a finalidade e os objetivos propostos inicial-

---

[243] Cfe. apêndices "A" e "B".

mente, ou seja, com o intuito de investigar a efetividade do devido processo legal e de outros princípios constitucionais processuais nos Juizados especiais cíveis. A análise foi dividida em dois tópicos: a) profissionais de direito, b) usuários dos Juizados Especiais Cíveis.

5.4.1. Profissionais de direito

a) Da anulabilidade das decisões e dos processos judiciais[244]

Dos profissionais entrevistados, 69% consideram nulas as decisões judiciais dos Juizados por falta de fundamentação quando forem baseadas "nos documentos acostados na inicial e na oitiva de testemunhas", sem qualquer outra fundamentação de mérito complementar; da mesma forma, 66% consideram nulos os despachos que concedem as liminares quando baseados somente no sentido de estarem "presentes os requisitos legais". Tais decisões, para 82% dos profissionais, não devem ser prestigiadas em nome do princípio da efetividade processual. Para 68% dos profissionais, é nulo o processo que contrarie os princípios da igualdade e do contraditório, pois 51% entendem que o Supremo Tribunal Federal poderia anular todo o processo tramitado em desacordo com o devido processo legal.

b) Da deficitária assistência judiciária e jurídica integral[245]

Dos profissionais entrevistados, 69% afirmaram que os Juizados Especiais Cíveis não fornecem assistência judiciária e jurídica integral e 70% consideram a assistência jurídica fornecida nas varas desses Juizados, através do atendimento nos balcões por serventuários e/ou estagiários, inapta para garantir os direitos das partes em juízo. Para 70% dos entrevistados, os Juizados Especiais Cíveis servem apenas como meio de desafogar a justiça comum.

---

[244] Cfe. questões nos 01, 02, 03, 17 e 18 do questionário para profissionais de direito (Apêndice "C").

[245] Cfe. questões nos 07, 13 e 16 do questionário para profissionais de direito (Apêndice "C").

c) Dos princípios do contraditório, da ampla defesa e da igualdade das partes em juízo[246]

Dos profissionais entrevistados, 46% entendem que os Juizados Especiais Cíveis não atendem ao princípio da igualdade das partes em juízo; 48% declaram, da mesma forma, que os Juizados não atendem ao princípio do contraditório e da ampla defesa; 91% consideram os princípios da ampla defesa e da igualdade das partes em juízo imprescindíveis para a efetivação processual nos Juizados e 68% entendem que a produção de prova pericial seja indispensável para uma cognição real dos fatos.

d) Dos princípios da publicidade, do juiz natural e do duplo grau de jurisdição[247]

Dos profissionais entrevistados, 57% entendem que o Juizado Especial Cível cumpre com o princípio da publicidade; 48% afirmam que o Juizado não infringe o princípio do juiz natural e 88% vêem no duplo grau de jurisdição um princípio constitucional.

e) Dos princípios do devido processo legal e do acesso à justiça[248]

Com base nos dados obtidos na pesquisa, verifica-se que, de um modo geral, os profissionais de direito não detêm conhecimento científico adequado sobre o significado conceitual de acesso à justiça, pois 71% deles declararam que os Juizados Especiais Cíveis cumprem o acesso à justiça e 45% disseram que cumprem o devido processo legal. No entanto, 60% afirmaram que esses Juizados não efetivam as garantias dos direitos das partes em juízo e 48% declararam que as conciliações realizadas nos Juizados não medeiam nem solucionam os conflitos de maneira a efetivar o acesso à justiça.

e) Resultados

Os dados expostos demonstram desconhecimento sobre o alcance conceitual do princípio constitucional de acesso à justiça por

---

[246] Cfe. questões nos 04, 06, 12 e 20 do questionário para profissionais de direito, (Apêndice "C").

[247] Cfe. questões nos 05, 08, 14 e 19 do questionário para profissionais de direito, (Apêndice "C").

[248] Cfe. questões nos 09, 10, 11 e 15 do questionário para profissionais de direito, (Apêndice "C").

parte dos profissionais, pois, apesar de entenderem que não são efetivadas as garantias das partes em sede dos Juizados Especiais Cíveis, contradizem-se em suas respostas: enquanto somente 45% consideram o devido processo legal efetivado, 71% declararam que os Juizados cumprem o acesso à justiça. Tal incoerência evidencia que alguns profissionais ignoram que o princípio de acesso à justiça não se resume ao acesso ao processo como mera possibilidade de ingresso em juízo. Conforme inferido nos tópicos anteriores, não haverá acesso à justiça se não for efetivado o devido processo legal.

5.4.2. Usuários do Juizado Especial Cível

a) Da instrução dos usuários do Juizado Especial Cível[249]

Os usuários, de forma geral, têm escolaridade de primeiro e segundo graus: 81% com primeiro grau concluído e apenas 19% como segundo grau.

b) Da assistência judiciária e jurídica[250]

Dos usuários que participaram da pesquisa, 48% utilizaram tal procedimento mais de uma vez; 54% não estavam acompanhados por advogados, e 52% não tinham condições de contratar um advogado particular; 62% afirmaram não terem sido colocados à sua disposição defensores públicos para o acompanhamento das audiências e elaboração de recurso.

b) Da audiência de conciliação[251]

Dos entrevistados, quando questionados sobre a conciliação, 32% afirmaram terem realizado acordo na primeira audiência, porém 14% sentiram-se constrangidos ou pressionados a conciliar.

---

[249] Cfe. questões nos 05 e 06 do questionário para usuários do Juizado Especial Cível, (Apêndice "D").

[250] Cfe. questões nos 01, 02, 03 e 04 do questionário para usuários do Juizado Especial Cível, (Apêndice "D").

[251] Cfe. questões nos 07 e 08 do questionário para usuários do Juizado Especial Cível, (Apêndice "D").

c) Do conhecimento sobre o procedimento do Juizado Especial Cível e de sua aceitabilidade[252]

Dos usuários entrevistados, 53% não tinham conhecimento da forma como o processo era conduzido, apesar de 82% afirmarem que utilizariam novamente o procedimento do Juizado Especial Cível.

e) Resultados

Pelos dados coletados, denota-se a baixa conscientização da população tanto sobre seus direitos constitucionais processuais como sobre as vias institucionais à disposição para a solução de seus litígios. Por isso, infere-se ser necessária a popularização de tais garantias, no sentido de o cidadão exercer seu direito à informação, e uma readaptação da Lei dos Juizados para que efetive as garantias constitucionais das partes em juízo.

---

[252] Cfe. questões n°s 09 e 10 do questionário para usuários do Juizado Especial Cível, (Apêndice "D").

Conclusão

Com a criação dos Juizados Especiais Cíveis, que representam uma tendência instrumentalista técnica, acreditava-se que teria surgido uma justiça sempre idealizada por todos, acessível a qualquer cidadão de forma rápida e sem custos elevados. O Poder Judiciário brasileiro tem sido alvo de críticas pela sua morosidade processual, por apresentar custos altos e um sistema jurídico burocrático. É evidente, pois, de que se necessita de mecanismos que conduzam ao "desafogo dos tribunais superiores", a um rápido e célere acesso à justiça ao alcance do cidadão. Entretanto, não se pode, em nome de uma demanda processual quantitativa, renegar um processo justo, conforme os ditames constitucionais. A efetividade meramente instrumental não conduz a um efetivo acesso à justiça. Certo é que ao cidadão usuário dos Juizados cabe o direito ao processo sem dilações indevidas, mas isso não significa que se devam sacrificar suas garantias constitucionais.

Valendo-se de uma hermenêutica constitucional processual, percebeu-se que os Juizados ainda são motivos de esperança para eficiência do Poder Judiciário. Entretanto, para que essa eficiência se concretize, primeiramente, é necessário que se compreenda o sistema jurídico, ou seja, que o processo seja entendido como instrumento para a preservação da ordem constitucional, que efetive as garantias constitucionais processuais. O Juizado é uma ótima tentativa de aproximar a justiça da sociedade, principalmente das classes economicamente mais carentes, no entanto a Lei que o regula, apesar de possuir aspectos positivos, precisa ser desvinculada dos vícios inconstitucionais que apresenta.

Para aprimorar tal prestação jurisdicional, foram propostas, no decorrer da presente pesquisa, algumas mudanças na mentalidade jurisdicional e no procedimento dos Juizados. De início, conceituou-se acesso à justiça e suas acepções para concluir que só haverá processo justo se esse for compreendido através dos ditames constitucionais. Acesso à justiça não significa, simplesmente, acesso ao Poder Judiciário, ou uma mera disponibilidade ao cidadão de um instrumento processual; implica, necessariamente, um procedimento que atenda ao devido processo legal. Somente a partir desse princípio fundamental é que se efetivarão os demais princípios constitucionais processuais, tanto no aspecto procedimental – perante o Judiciário – como no substancial – perante o Executivo e Legislativo. Disso se infere que não haverá justiça se não houver respeito às garantias constitucionais processuais do cidadão em juízo.

A Lei 9.099/95 apresenta, efetivamente, uma normativa constitucional principiológica, em especial, os princípios da simplicidade, oralidade, informalidade, celeridade e economia processual, os quais garantem uma prestação célere, mas não justa. Os Juizados Especiais Cíveis surgiram através da adaptação da Lei dos Juizados de Pequenas Causas, elaborada a partir do sistema das *small claims courts*, o que, de certa forma, foi inadequado e ineficiente em face da realidade do sistema judiciário brasileiro, que apresenta, de longa data, insuficiência de recursos humanos capaz de atender à demanda processual.

Os Juizados especiais facilitaram, de certa forma, o ajuizamento de ações indevidas. A ausência de custas processuais e de ônus sucumbenciais acabou incentivando a proposição de demandas por parte cidadãos "aventureiros", aumentando, respectivamente, a necessidade de ampliação do quadro de funcionalismo do Poder Judiciário. Em síntese, foi efetivado ao cidadão, em larga escala, o direito de ação, mas não o acesso à justiça, pois ausente o devido processo legal. Por outro lado, os Juizados traduzem esperança de justiça para aqueles que não têm recursos para arcar com uma significativa verba honorária ou uma quantia vultuosa em perícias e custas judiciais para verem atendidas suas fundadas pretensões.

Partindo de uma interpretação sistemática da Lei 9.099/95, conclui-se que os Juizados Especiais Cíveis não efetivam o devido processo legal e, respectivamente, o acesso à justiça. Além de não serem auxiliados pelas defensorias públicas, que até hoje não foram equipadas para tanto, a exigência do preparo do recurso, possibilitando a revisão do julgado apenas aos cidadãos capazes de suportar suas custas, contribui para um ilusório benefício de assistência judiciária e para um tratamento desigual ao cidadão que busca tutela jurisdicional do Estado.

Outro fator que se constata nos Juizados é o excesso de informalismo e a ausência do contraditório, os quais, da mesma forma que dinamizam a relações procedimentais, obstam o necessário equilíbrio entre as partes: além da inquirição de técnicos, caso o juiz considere imprescindível, a produção de provas técnicas deve ser admitida, caso contrário se estaria protelando ainda mais a prestação jurisdicional, pois, caso o processo fosse extinto sem julgamento de mérito, o demandante deviria postular novamente sua pretensão no juízo comum. Lembra-se, ainda, que as partes somente produzirão provas, inclusive documentais, na audiência de instrução e julgamento. Entretanto, ocorre que nem sempre é possível aos litigantes contraditá-las na ocasião da referida audiência. Assim, sugere-se que as provas sejam juntadas pelas partes na audiência de conciliação, oportunizando-se o contraditório e a ampla defesa das partes em juízo.

O descumprimento do devido processo legal nos Juizados também é constatado a partir da orientação fornecida nos "balcões" das respectivas varas e, respectivamente, da redação das pretensões dos demandantes, que muitas vezes se apresentam ineficientes. A preparação dos funcionários públicos encarregados de tal função, e/ou dos estagiários, não passa de simples orientações.

No mesmo plano encontram-se os conciliadores e os juízes leigos, pois tais funções são exercidas por advogados não qualificados do ponto de vista formal. Disso resulta que inúmeras conciliações, muitas vezes resistidas pelas partes, ao invés de cumprirem sua função de pacificação social, acabam por implantar uma desilusão de justiça. Além de se considerar inconstitucional a previsão dos juízes leigos com experiência mínima de cinco anos de advocacia, pois leigo é aquele que não possui a qualificação técnica específica, ressalta-se a impossibilidade de o juiz togado ou o pretor, os quais homologam as decisões sugeridas pelos juízes leigos, exercerem a função criadora do juiz, pois eles não participam das audiências.

Assim, uma das formas de solucionar, em parte, tais inconstitucionalidades seria a prévia preparação dos conciliadores e juízes leigos através de cursos de conciliação e mediação; assim também dos funcionários e dos estagiários, que acabam por exercer funções de consultores jurídicos, fornecendo-lhes cursos seqüenciais sobre os direitos das partes nas hipóteses normativas previstas para tal procedimento.

Constatou-se, ainda, impedimento à atuação do Ministério Público, ao qual cabe a defesa dos interesses sociais ou individuais indisponíveis, negando-se sua legitimidade para demandar nos Juizados Especiais Cíveis. A presença ministerial, sendo instituição facilitadora do acesso à justiça e de defesa dos direitos, faz-se necessária nos Juizados, pois são convergentes suas finalidades. Assim, sempre que diante de conflitos que envolvam interesses sociais, o juiz e/ou o pretor responsável pela vara deve solicitar a presença do Ministério Público, seja como interveniente, seja como órgão agente, sob pena de se considerar nula e inconstitucional a respectiva demanda.

É oportuno ainda referenciar que a ampliação e a obrigatoriedade da competência e do procedimento especial dos Juizados, conforme prevê o projeto de lei em tramitação no Estado do Rio Grande do Sul e o anteprojeto de lei que institui o Juizado Especial de Família, aumentarão o volume de serviço, o que, além de impedir o aprimoramento de tal procedimento, conduzirá ao retorno à morosidade comum da justiça tradicional. Deve ser assegurada ao demandante a possibilidade de optar pelo procedimento que mais se coaduna com a complexidade de sua demanda, pois a causa principal da chamada "crise judiciária" não está ligada somente à crise do processo como instrumento de realização do direito material violado ou ameaçado, ao formalismo processual, ou seja, a crise não é do sistema processual, e, sim, da hiposuficiência de recursos humanos.

Nesse diapasão, caso não se busque uma imprescindível mudança de postura em face desse novo microssistema diferenciado de procedimento e de seus escopos sociopolíticos, no sentido de aumentar o quadro de serventuários da justiça e seu respectivo preparo para uma prestação jurisdicional rápida e eficiente no âmbito dos Juizados, em pouco tempo tal procedimento estará tão moroso quanto o procedimento ordinário. Incontroverso é que o processo necessita de movimento funcional para se tornar instrumento prático a serviço da ordem jurídica justa. Mas, por outro lado, para que se cumpra a tarefa de administração da justiça, não se pode olvidar que o processo também deve ser vivificado, visto que ao direito também cabe conferir uma moldura formal tornando presentes os justos limites do processo.

Quanto à pesquisa de campo qualitativa realizada com os profissionais e usuários do Juizado Especial Cível nas comarcas de Passo Fundo e Carazinho, destaca-se que muitos profissionais ignoram que o princípio de acesso à justiça não se resume ao acesso ao processo como mera possibilidade de ingresso em juízo. Por parte dos usuários, convém salientar a baixa conscientização da população tanto sobre seus direitos constitucionais processuais como sobre as vias institucionais à disposição para a solução de seus litígios. Com base nos dados coletados, infere-se, além da necessidade de uma conscientização sobre os direitos do cidadão, ser oportuna uma pesquisa qualitativa e quantitativa abrangendo as comarcas do Rio Grande do Sul, por parte do Tribunal de Justiça.

Enfim, não basta que se assegure o acesso ao processo num breve espaço de tempo. É imprescindível, também, que se efetivem as garantias das partes em juízo. É por esse entendimento que a Lei 9.099/95, no que concerne aos Juizados Especiais Cíveis, apresenta-se inconstitucional, pois são as garantias processuais que conduzem a um ordenamento jurídico justo, capaz de conduzir o acesso à justiça.

Na entanto, não se propõe aqui a extinção de tais órgãos; ao contrário, sugere-se que sejam repensados, que seu procedimento, apesar de especial, respeite as garantias do cidadão na justiça, sob pena de se provocarem consequências diferentes daquelas imaginadas e queridas por seus idealizadores. De tais conclusões não se depreende a pretensão de igualar o procedimento especial dos Juizados ao procedimento ordinário da justiça comum, mas de torná-lo apto a conferir acesso efetivo à justiça. O que se propõe é o equilíbrio entre as garantias das partes em juízo e a celeridade do procedimento.

Apesar de a Lei 9.009 ainda significar para alguns um grande avanço processualístico, muito se deve ousar e reformar para que os direitos dos cidadãos sejam efetivamente respeitados. Apenas um processo que, apesar de célere e informal, efetive o devido processo legal e seja acessível a todos os cidadãos será considerado um meio eficaz de conduzir à ordem jurídica justa. Somente a partir desta concepção é que os Juizados Especiais atenderão a sua função social tão almejada: o acesso à justa.

Na presente pesquisa não houve a pretensão, nem se poderia ter, por contrariar o espírito científico próprio do caráter hipotético da ciência jurídica, de considerar absolutos e inquestionáveis os resultados aqui apresentados, considerando-os insuscetíveis de críticas. Ao contrário, o escopo sempre foi, na tentativa de evoluir e vencer paradigmas, o de criticar, por mais que altruisticamente, e, ao mesmo tempo, contribuir e incitar para um debate acerca da constitucionalidade dos Juizados Especiais Cíveis. Por fim, não se poderia deixar de transcrever as palavras de J.J. Calmon de Passos, as quais expressam o exato significado dos Juizados e o espírito que norteou a presente pesquisa:

> Distorção não menos grave, outrossim, foi a de se ter colocado como objetivo a alcançar com as reformas preconizadas apenas uma solução, fosse qual fosse, para o problema do sufoco em que vive o Poder Judiciário, dado o inadequado, antidemocrático e burocratizante modelo de sua institucionalização constitucional. A pergunta que cumpria fosse feita – quais as causas reais dessa crise – jamais foi formulada. Apenas se indagava – o que fazer para nos libertarmos da pletora de feitos e de recursos nos sufoca? E a resposta foi dada pela palavra mágica "isntrumentalidade", a que se casaram outras palavras mágicas – "celeridade", "efetividade", "deformalização" etc. E assim, de palavra mágica em palavra mágica, ingressamos num processo de produção do direito que corre o risco de se tornar pura prestidigitação. Não nos esqueçamos, entretanto, que todo espetáculo de mágica tem um tempo de duração e a hora do desencantamento.[253]

---

[253] PASSOS, J. J. Calmon de. Instrumentalidade do processo e devido processo legal. *Revista de Processo*. São Paulo: RT, n. 102, ano 26, abr./jun. 2001, p. 67.

Referências

ALEXY, Robert. *Teoria de los derechos fundamentales*. Madrid: Centro de Estudios Políticos y Constitucionales, 2001.

ALVES, José Carlos Moreira. Poder Judiciário. In: MARTINS, Ives Gandra da Silva. *A constituição Brasileira de 1988:* interpretações. Rio de Janeiro: Forense Universitária.

——. *Direito Romano*. 11. ed. Rio de Janeiro: Forense. 1999.

ALVIM, Eduardo Arruda. *Curso de direito processual civil*. São Paulo: RT, 2002.

ASCENÇÃO, José de Oliveira. *O direito* – introdução e teoria geral, n. 338.

ASSIS, Araken. *Execução civil nos juizados especiais*. 3. ed. rev., atul. e ampl. São Paulo: RT, 2002.

——. Garantia de acesso à justiça: benefício da gratuidade. In: CRUZ E TUCCI, (Org.). *Garantias constitucionais do processo civil*. São Paulo: RT, 1999.

AVILA, Humberto Bergmann. A distinção entre princípios e regras e a redefinição do dever de proporcionalidade. *Revista de Direito Administrativo*, Rio de Janeiro: Renovar, v. 215, jan./mar.1999.

——. *Revista Diálogo Jurídico*, Salvador, CAJ – Centro de Atualização Jurídica, v. I, n. 4, jul., 2001. Disponível em: <http://www.direitopublico.com.br>. Acesso em: 12 nov. 2003.

——. *Teoria dos princípios:* da definição à aplicação dos princípios jurídicos. 2. ed. São Paulo: Malheiros, 2003.

BACELLAR, Roberto Portugal. *Juizados especiais*: a nova mediação paraprocessual. São Paulo: RT, 2003.

BELLINETTI, Luiz Fernando. A intervenção do Ministério Público nos Juizados Especiais Cíveis. *Revista de Processo*, São Paulo: RT, ano 22, n. 87, jul./set., 1997.

BEZERRA, Paulo César Santos. *Acesso à justiça*. Um problema ético-social no plano da realização do direito. São Paulo: Renovar, 2001.

BONAVIDES, Paulo. *Curso de direito constitucional*. 12. ed. São Paulo: Malheiros, 2002.

BRASIL. Lei Federal nº 10.259, de 10 de setembro de 2001. Dispõe sobre a instituição dos Juizados Especiais Cíveis e Criminais no âmbito da Justiça Federal. *Diário Oficial da República Federativa do Brasil*, Brasília, DF, 13 set. 2001.

BRASIL. Lei Federal nº 9.099, de 26 de setembro de 1995. Dispõe sobre os Juizados Especiais Cíveis e Criminais e dá outras providências. *Diário Oficial da República Federativa do Brasil*, Brasília, DF, 27 set. 1995.

BRASIL. Passo Fundo. Comarca de Passo Fundo, processo nº 02100485326.

BRASIL. Passo Fundo. Comarca de Passo Fundo, processo n° 02101021005.

BRASIL. Passo Fundo. Comarca de Passo Fundo, processo n° 02101113273.

BRASIL. Rio Grande do Sul. Extinto Tribunal de Alçada. Processo n° 1900033118, 10 de abril de 1990.

BRASIL. Rio Grande do Sul. Extinto Tribunal de Alçada. Processo n° 190009365, 19 de abril de 1990.

BRASIL. Rio Grande do Sul. Extinto Tribunal de Alçada. Processo n° 190021428, 19 de abril de 1990.

BRASIL. Rio Grande do Sul. Justificativa do anteprojeto da lei 7.244/84, realizado pelo Programa Nacional de Desburocratização. *Juizado de Pequenas Causas*. Porto Alegre: Ajuris, 1982.

BRASIL. Rio Grande do Sul. Projeto de lei n. 315/2003. Altera a Lei n° 9.446, de 06/12/91, que dispõe sobre os Juizados Especiais e de Pequenas Causas Cíveis. Projeto proposto pelo desembargador José Eugênio Tedesco.

BRASIL. Rio Grande do Sul. Projeto de Lei n° 315/2003. Altera a Lei 9.446, de 06 de dezembro de 1991, que dispõe sobre os Juizados Especiais e de Pequenas Causas Cíveis.

BRASIL. Rio Grande do Sul. Roteiro para Audiência de Conciliação no Juizado Especial Cível", em anexo, está disponível no site do Tribunal de Justiça do RS (http://www.tj.rs.gov.br/institu/je/audiencias.html, acessado em 31/03/2004).

BRASIL. Rio Grande do Sul. Trabalhos de Magistrados Sul-Rio-Grandenses, *Juizado de pequenas causas*. Porto Alegre: Ajuris, 1982.

BRASIL. Rio Grande do Sul. Tribunal de Justiça. 4° Grupo de Câmaras Cíveis. Embargos infringentes n° 70003967676. Porto Alegre.

BRASIL. Rio Grande do Sul. Tribunal de Justiça. *Pesquisa nos Juizados Especiais Cíveis*. In: Juizado de pequenas causas: doutrina e jurisprudência. Porto Alegre: *Revista de Jurisprudência e outros impressos do TJRS*, n. 36-37, dez. 2002 – abr. 2003

BRASIL. Rio Grande do Sul. Tribunal de Justiça. *Pesquisa nos Juizados Especiais Cíveis*. In: Juizado de pequenas causas: doutrina e jurisprudência. Porto Alegre: *Revista de Jurisprudência e outros impressos do TJRS*, n. 13., abr. 1995

BRASIL. Supremo Tribunal Federal. Ação direta de inconstitucionalidade, n° 293-7/600. Relator: Celso Mello. In: *Revista dos Tribunais*, n. 700, maio., 1994.

BRASIL. Supremo Tribunal Federal. Ação direta de inconstitucionalidade, n° 675. Relator: ministro Sepúlveda Pertence. Publicado no Diário da Justiça, 20.06.97.

BRASIL. Supremo Tribunal Federal. Habeas corpus, n° 71.124. Relator: ministro Sepúlveda Pertence. Publicado no Diário da Justiça, 23.09.94.

BRASIL. Supremo Tribunal Federal. Recurso extraordinário, n° 347528.

BRASIL. Supremo Tribunal Federal. Recurso ordinário em habeas corpus, n° 79.785-7, ementário n° 2092-2.

CALAMANDREI, Piero. *Êles, os juízes, vistos por nós, os advogados*. Lisboa: Liv. Clássica, 1940. § X.

CÂMARA, Alexandre Freitas. *Juizados especiais cíveis estaduais e federais:* uma abordagem crítica. Rio de Janeiro: Lumen Juris, 2004, p. 27.

CANARIS, Claus-Wilhelm. *Pensamento sistemático e conceito de sistema na ciência do direito*. Lisboa: Fund. Calouste Gulbenkian, 1996.

CANOTILHO, José Joaquim Gomes. *Direito constitucional e teoria da constituição*. Coimbra: Almedina, 2002.

CAPPELLETTI, Mauro; GARTH, Bryant. *Acesso à justiça.* Trad. Ellen Gracie Northfleet. Porto Alegre: Sergio Antonio Fabris, 1988.

CARAM JÚNIOR, Moacyr. *O julgamento antecipado da lide, o direito à ampla defesa e ao contraditório.* Curitiba: Juarez de Oliveira, 2001.

CARNEIRO, Athos Gusmão. Juizado de pequenas causas. In: GRINOVER, Ada Pellegrini; DINAMARCO. Cândido Rangel; WATANABE, Kazuo (Coord.). *Participação e processo.* São Paulo: RT. 1988.

CARNEIRO, João Geraldo Piquet. Ministério para a desburocratização: juizado de pequenas causas: análise da estruturação e do funcionamento da *Small Claims Court* na cidade de Nova Iorque. In *Juizado de pequenas causa:* Trabalhos do ministério da desburocratização, informações dos Juizados de Nova Iorque e Califórnia. Porto Alegre: Ajuris, 1982.

CARNEIRO, Paulo Cezar Pinheiro. *Acesso à justiça:* juizados especiais cíveis e ação civil pública. 2. ed. Rio de Janeiro: Forense. 2000.

CARNELUTTI, Francesco. *Diritto e processo.* Napoli: Morano, 1958.

CASTRO, Carlos Roberto de Siqueira. O devido processo legal e a razoabilidade das leis na nova Constituição do Brasil. 2. ed. Rio de Janeiro: Forense, 1989.

CAVALCANTE, Mantovanni Colares. O Ministério Público nos Juizados Especiais Cíveis. *Revista dos Juizados Especiais,* São Paulo: Fiuza, ano 3, v. 7, jan./mar. 1998.

CHIOVENDA, Giuseppe. Dell'azione nascente dal contratto preliminare. *Saggi di diritto processuale civile.* 2. ed. Roma: Foro Italiano, t. I, 1930.

———. *Instituizioni di diritto processuale civile.* 2. ed. Napoles: Dott. Eugenio Jovene, v. 1, 1960.

———. *Principios de derecho procesal civil.* Madrid: Reus, 1925, t. II.

CINTRA, Antônio Carlos de Araújo; GRINOVER, Ada Pellegrini; DINAMARCO, Cândido Rangel. *Teoria geral do processo.* 17. ed. São Paulo: RT, 1998.

COUTURE, Eduardo J. *Fundamentos del derecho procesal civil.* 3. ed (póstuma). Buenos Aires: Ediciones Depalma, 1993.

———. *Estudios de derecho procesal civil.* Buenos Aires: Depalma, 1979. t. III.

CRUZ E TUCCI, (Org.). Garantias constitucionais do processo civil. São Paulo: RT, 1999.

CRUZ E TUCCI, José Rogério. Garantia do processo sem dilações indevidas. In: CRUZ E TUCCI (Org.). *Garantias constitucionais do processo civil.* São Paulo: RT, 1999.

CUNHA, J.S. Fagundes. Da mediação e da arbitragem endoprocessual. *Revista dos Juizados Especiais,* São Paulo: Fiuza, ano 4, v. 14, out./dez. 1999.

DANTAS, Ivo. *Constituição & processo.* Introdução ao direito processual constitucional. Curitiba: Juruá, 2003, v. 1.

DINAMARCO, Cândido Rangel. Reflexões sobre direito e processo. *Arquivos do Ministério da Justiça* Brasília, ano XXIX, n. 117, mar. 1971.

———; CINTRA, Antônio Carlos de Araújo; GRINOVER, Ada Pellegrini. *Teoria geral do processo.* São Paulo: Malheiros, 1998.

———. *A instrumentalidade do processo.* 7. ed. São Paulo: Malheiros, 1999.

———. *Fundamentos do processo civil moderno.* 4. ed. rev. e atual. São Paulo: Malheiros, 2001.

———. Instituições de direito processual civil. São Paulo: Malheiros, 2001, v. 1.

———. *Manual dos juizados cíveis.* São Paulo: Malheiros. 2001.

DWORKIN, Ronald. *Uma questão de princípio.* São Paulo: Martins Fontes, 2001.

ESPÍNDOLA, Ruy Samoel. *Conceito de princípios constitucionais*. 2. ed. São Paulo: RT, 2002.

FARIA, Anacleto de Oliveira. *Do princípio da igualdade jurídica*. São Paulo: RT e USP. 1973.

FARIA, Cristiano Chaves de. Os Juizados Especiais Cíveis como instrumento de efetividade do processo e a atuação do Ministério Público. *Genesis:* Revista de Direito Processual Civil, Curitiba, n. 17, jul./set., 2000.

FIGUEIRA JR., Joel Dias. *Juizados especiais federais cíveis e criminais*. São Paulo: RT, 2002.

FONSECA, Ana Carolina da Costa e. Considerações sobre os juizados especiais cíveis. *Revista dos Juizados Especiais*, Porto Alegre: TJRS, n. 28/29, abr./ago. 2000.

FRANÇA, Vladimir da. *Questões sobre a hierarquia entre as normas constitucionais na CF/88*. Direito na WEB. Ano I, 2001. Disponível em: <http://www.direitonaweb.adv.br/doutrina/dconst/Vladimir_R_Franca_(DCONS_0001).htm>. Acesso em: 12 de nov. 2003.

FREITAS, Juarez. *A interpretação sistemática do direito*. 4. ed. São Paulo: Malheiros, 2004.

GOMES, Luiz Flávio. Apontamentos sobre o princípio do juiz natural. *Revista dos Tribunais*, n. 703, maio., 1994.

GRAU, Eros Roberto. *A ordem econômica na Constituição de 1988:* interpretação e crítica. 8. ed. São Paulo: Malheiros, 2003.

GRECO FILHO, Vicente. *Direito processual civil brasileiro*. 13. ed. São Paulo: Saraiva, 1998, v. 1.

——. *Os direitos individuais e o processo judicial*. São Paulo: Atlas, v. 6, 1977. (Coleção Universitária de Ciências Humanas).

GRINOVER, Ada Pellegrini. *As garantias constitucionais do direito de ação*. São Paulo: RT, 1973.

——. Deformalização do processo e deformalização das controvérsias. *Separata da Revista de Informação Legislativa,* Brasília: Senado Federal: Secretaria de Edições Técnicas, a. 25, n. 97, jan./mar. 1988.

——. *Novas tendências do direito processual*. Rio de Janeiro: Forense Universitária, 1990.

——. O princípio do juiz natural e sua dupla garantia. *Revista de Processo,* São Paulo: RT, n. 29, jan./mar. 1983.

——. O processo constitucional em marcha e as garantias constitucionais do direito de ação. São Paulo: Max Limonad, 1985.

——. *Os princípios e o código de processo civil*. Bushatsky, 1973.

——. *Processo em sua unidade*. Rio de Janeiro: Forense, 1984.

GUASTINI, Riccardo. *Teoria e dogmatica delle fonti*. Milano: Giuffrè, 1999.

GUERRA FILHO, Willis Santiago. *Teoria processual da constituição*. São Paulo: Celso Bastos: Instituto Brasileiro de Direito Constitucional, 2000.

HERKENHOFF, João Baptista. *O direito processual e o resgate do humanismo*. Rio de Janeiro: Thex, 1997.

HESPANHA, Benedito. *Tratado de teoria do processo*. Rio de Janeiro: Forense, v. 1, 1986.

HESSE, Konrad. *A força normativa da Constituição*. Trad. Gilmar Ferreira Mendes. Porto Alegre: Sergio Antonio Fabris , 1991.

KAFKA, Franz. *O processo*. São Paulo: Companhia das Letras, 2003.

KELSEN, Hans. *La giustizia costituzionale*. Milano: Giuffrè Editore, 1981.

——. *O que é justiça?* São Paulo: Martins Fontes, 1996.

——. *Teoria pura do direito*. 4. São Paulo: Martins Fontes, 1995.

KEPPEN, Luiz Fernando Tomasi. *Revista de Processo*, São Paulo: RT, n. 84.

LEAL, Rogério; HENNIG. Mônia. O acesso à justiça e o juizado especial cível. *Revista dos Juizados Especiais*, Porto Alegre: TJ, n. 22., abr. 1998.

LIEBMAN, Enrico Tullio. *Manual de direito processual civil*. Rio de Janeiro: Forense, 1984.

——. *Problemi del processo civile*. Milão: Morano, 1962.

LIMA, Alcides de Mendonça. *Introdução aos recursos cíveis*. São Paulo: RT, 1976.

——. Os princípios informativos no código de processo civil. *Revista de Processo*, n. 34, ano 9, abr./jul. 1984.

LIMA, Maria Rosynete Oliveira. *Devido processo legal*. Porto Alegre: Sergio Antonio Fabris, 1999.

LONGO, Luís Antônio. *O princípio do juiz natural e seu conteúdo substancial*. In: PORTO, Sérgio Gilberto (Org.). *As garantias do cidadão no processo civil*. Porto Alegre: Livraria do Advogado, 2003.

LUCON, Paulo Henrique dos Santos. Garantias do tratamento paritário das partes. In: CRUZ E TUCCI, José Rogério (Org.). *Garantias constitucionais do processo civil*. São Paulo: RT, 1999.

MARCACINI, Augusto Tavares Rosa. *Assistência jurídica, assistência judiciária e justiça gratuita*. Rio de Janeiro: Forense. 1996.

MARINONI, Luiz Guilherme. *Tutela antecipatória, julgamento antecipado e execução imediata da sentença*. 4. ed., rev., atual. e ampl. São Paulo: RT, 2000.

——; ARENHART, Sérgio Cruz Arenhart. *Manual do processo de conhecimento*.São Paulo: RT, 2001.

MARQUES, J. Frederico. *Introdução ao direito processual civil*. Rio de Janeiro: Forense, v. IV, p. 265, parágrafo 10001960.

MARTINS, Ives Granda da Silva. *A Constituição Brasileira de 1988*: interpretações. Rio de Janeiro:Forense Universitária.

MAXIMILIANO, Carlos. *Hermenêutica e aplicação do direito*. Rio de Janeiro: Forense, 1984.

MEINHARDT, Betina Pohl. *Juizado especial de pequenas causas*.Monografia apresentada na UFRGS sob a orientação de Ruy Rosado Aguiar Junior, catalogada na biblioteca sob nº 000041099 . Porto Alegre, 1992.

MIRANDA, Jorge. Constituição e processo civil. *Revista de Processo*, São Paulo: RT, ano 25, n. 98, abr./jun. 2000.

——. *Manual de direito constitucional*. Lisboa: Coimbra Ed., 1981, v. 1, t. II.

MOREIRA, José Carlos Barbosa. Miradas sobre o processo civil contemporâneo. *Revista da Ajuris*, Porto Alegre: Ajuris, ano XXII, n. 65, nov. 1995.

——. O futuro da justiça: alguns mitos. *Revista de Processo*, São Paulo: RT, ano 26, n. 102, abr./jun. 2001.

——. Processo civil e direito à preservação da intimidade: temas de direito processual. São Paulo, 1980.

NERI, Renato Gomes. Assistência jurídica aos carentes no Brasil. *Revista Consulex*, ano II, n. 22, out. 1998.

NERY JR., Nelson. *Recursos no processo civil*. São Paulo: RT. 1993.

——. *Princípios do processo civil na Constituição Federal*. 7. ed. São Paulo: RT, 2002.

PASSOS, J.J. Calmon de. Instrumentalidade do processo e devido processo legal. *Revista de Processo*, São Paulo: RT, n. 102, ano 26, abr./jun 2001.

——. O devido processo legal e o duplo grau de jurisdição. São Paulo: Saraiva, 1981.

PIZZORUSSO, Alessandro. Il principio del giudice naturale nel sua aspetto di norma sostanziale. *Rivista Trimestrale di Diritto e Procedura Civile*, Milano, ano XXIX, n. 1, marz. 1975.

POLETTI, Ronaldo. *Introdução ao direito*. 3. ed. São Paulo: Saraiva, 1996.

PORTO, Sérgio Gilberto (Org.). *As garantias do cidadão no processo civil*. Porto Alegre: Livraria do Advogado, 2003.

PORTO, Sérgio Gilberto. Litisconsórcio: noções e recursabilidade da formação por violação do juízo natural. *Revista da AJURIS*, Porto Alegre: Ajuris, n. 60, mar. 1994.

——. O Ministério Público no Estado moderno. *Revista do Ministério Público*, Porto Alegre: Ciência Jurídica Nova Alvorada, n. 40, jan./jun. 1998.

——. *Sobre o Ministério Público no processo não-criminal*. 2. ed. Rio de Janeiro: Aide, 1998.

RÁO, Vicente. *O direito e a vida dos direitos*. 5. ed. anot. e atual. por Ovídio Rocha Barros Sandoval. São Paulo: RT, 1999.

RAWLS, John. *Uma teoria da justiça*. Trad. Vamirech Chacon. Brasília: Ed. UnB, 1981.

REALE, Miguel. *Filosofia do direito*. 11. ed. São Paulo: Saraiva, 1986.

RECÁSENS SICHES, Luís. *Estudios de filosofia del derecho*. Barcelona: Bosch, 1936.

ROCHA, Felippe Borring. *Juizados especiais cíveis:* aspectos polêmicos da lei 9.099 de 26/9/1995. 3 ed. rev. e atual. Rio de Janeiro: Lumen Juris, 2003.

ROCHA, José de Albuquerque. *Teoria geral do processo*. 5. ed., rev. e aum. São Paulo: Malheiros, 2001.

RODRIGUES, Horácio Wanderlei. *Juizados especiais cíveis:* inconstitucionalidades impropriedades e outras questões pertinentes. *Genesis*, Revista de Direito Processual Civil, Curitiba: Genesis, 1 ed. jan./abr. 1996.

ROSAS, Roberto. *Direito processual constitucional:* princípios constitucionais do processo civil. São Paulo: RT, 1983.

ROTHENBURG, Walter Claudius. *Princípios constitucionais*. Porto Alegre: Sergio Antonio Fabris, 2003.

SÁ, Djanira Maria Radamés de. *Duplo grau de jurisdição*. Conteúdo e alcance constitucional. São Paulo: Saraiva, 1999.

SANTOS, Moacyr Amaral. *Primeiras linhas do direito processual civil*. 3. ed. São Paulo: Saraiva, v. 3, 1979.

SARLET, Ingo Wolfang. *Eficácia dos direitos fundamentais*. Porto Alegre: Livraria do Advogado, 1998.

SARMENTO, Daniel. *A ponderação de interesses na Constituição*. Rio de Janeiro: Lumen Juris, 2000.

SILVA, José Afonso da. *Curso de direito constitucional positivo*. 9. ed. São Paulo: Malheiros, 1992.

SOARES, Guido Fernando da Silva. *Common law*. Introdução ao direito dos EUA. 2. ed. São Paulo: RT, 2000.

SPAGNOLO, Juliano. A garantia do juiz natural e a nova redação do art. 253 do código de processo civil. In: PORTO, Sérgio Gilberto (Org.). *As garantias do cidadão no processo civil*. Porto Alegre: Livraria do Advogado, 2003.

STEFANELLO, Osvaldo. Palestra proferida na Escola Superior da Magistratura (ESM). "Curso sobre hermenêutica e argumentação judicial", promovido pela Corregedoria-Geral da Justiça em parceria com a ESM. Notícia disponível em: (http://www.sintere.com.br, acessado em 27/05/2004).

STRECK, Lenio Luiz. *Jurisdição constitucional e hermenêutica:* uma nova crítica do direito. Porto Alegre: Livraria do Advogado, 2002.

TEIXEIRA, Sálvio de Figueiredo. O juiz em face do Código de Processo Civil. *Revista Forense,* v. 261.

TEIXEIRA FILHO, Manoel Antônio. *Cadernos de processo civil:* princípios do processo civil. São Paulo: LTr, 1999, v. 2.

TESHEINER, José Maria Rosa. *Elementos para uma teoria geral do processo.* São Paulo: Saraiva, 1993.

——. *Os juizados especiais cíveis e a gratuidade da justiça.* Disponível no *site* de José Maria Rosa Tesheiner (http://www.tex.pro.br, acessado em 02/10/2002).

THEODORO JÚNIOR, Humberto. A garantia do devido processo legal e o exercício do poder de cautela no direito processual civil. *Revista dos Tribunais,* n. 665, mar. 1991.

TOURINHO NETO, Fernando da Costa; FIGUEIRA JÚNIOR, Joel Dias. *Juizados especiais federais cíveis e criminais.* São Paulo: RT, 2002.

TUCCI, Rogério Lauria; CRUZ e TUCCI, José Rogério. *Constituição de 1988 e processo.* Regramentos e garantias constitucionais do processo. São Paulo: Saraiva, 1989.

WARAT, Luiz Alberto. *Ofício do mediador.* Florianópolis: Habitus. 2001.

WATANABE, Kazuo. *Contribuição ao estudo da cognição no processo civil.* São Paulo, 1985.

Apêndice A
Questionário para profissionais de direito

1. Você consideraria a expressão "segundo os documentos acostados na inicial e a oitiva de testemunhas, procede a pretensão do autor, como postulada" como fundamento de uma decisão judicial?
( ) Sim   ( ) Não   ( ) Não tenho opinião formada

2. Você consideraria a expressão "tenho por presentes os requisitos legais para a concessão da liminar" fundamentada?
( ) Sim   ( ) Não   ( ) Não tenho opinião formada

3. Deve ser prestigiada uma decisão deficientemente fundamentada, em nome do princípio da efetividade processual?
( ) Sim   ( ) Não   ( ) Não tenho opinião formada

4. Você entende que os Juizados Especiais Cíveis atendem ao princípio da igualdade das partes em juízo?
( ) Sim   ( ) Não   ( ) Não tenho opinião formada

5. Você entende que os Juizados Especiais Cíveis atendem ao princípio da publicidade?
( ) Sim   ( ) Não   ( ) Não tenho opinião formada

6. Você entende que os Juizados Especiais Cíveis atendem ao princípio do contraditório e da ampla defesa?
( ) Sim   ( ) Não   ( ) Não tenho opinião formada

7. Você entende que os Juizados Especiais Cíveis fornecem assistência judiciária e jurídica integral?
( ) Sim   ( ) Não   ( ) Não tenho opinião formada

8. No seu entender, os Juizados Especiais Cíveis infringem o princípio do juiz natural?
( ) Sim   ( ) Não   ( ) Não tenho opinião formada

9. Você entende que os Juizados Especiais Cíveis atendem ao princípio do acesso à justiça?

( ) Sim   ( ) Não   ( ) Não tenho opinião formada

10. Você entende que os Juizados Especiais Cíveis atendem ao princípio do devido processo legal?

( ) Sim   ( ) Não   ( ) Não tenho opinião formada

11. Você entende que os Juizados Especiais Cíveis põem ao alcance do cidadão uma justiça célere, que garanta a efetividade dos direitos das partes em juízo?

( ) Sim   ( ) Não   ( ) Não tenho opinião formada

12. Você entende que os princípios da igualdade e da ampla defesa são imprescindíveis para a efetivação processual nos Juizados Especiais Cíveis?

( ) Sim   ( ) Não   ( ) Não tenho opinião formada

13. No seu entender, os Juizados Especiais Cíveis funcionam como meio para "desafogar o Judiciário"?

( ) Sim   ( ) Não   ( ) Não tenho opinião formada

14. No seu entender, o duplo grau de jurisdição é uma garantia constitucional?

( ) Sim   ( ) Não   ( ) Não tenho opinião formada

15. Você entende que as conciliações realizadas nos Juizados Especiais Cíveis medeiam e solucionam os conflitos de maneira que cumpram com um efetivo acesso à justiça?

( ) Sim   ( ) Não   ( ) Não tenho opinião formada

16. Você entende que a assistência jurídica fornecida pelas varas dos Juizados Especiais Cíveis, através do atendimento nos balcões por serventuários e/ou estagiários, é apta para traduzir, efetivamente, os direitos das partes em juízo?

( ) Sim   ( ) Não   ( ) Não tenho opinião formada

17. Contrariando os princípios da igualdade e do contraditório, todo processo é nulo?

( ) Sim   ( ) Não   ( ) Não tenho opinião formada

18. Você entende que o Supremo Tribunal Federal poderia aplicar o princípio do devido processo legal como fundamento para anular todo o processo?

( ) Sim   ( ) Não   ( ) Não tenho opinião formada

19. Você entende que as súmulas e os enunciados dos Juizados Especiais Cíveis adquirem efeito vinculante?

( ) Sim   ( ) Não   ( ) Não tenho opinião formada

20. Você entende que a produção de prova pericial nos Juizados Especiais Cíveis seja imprescindível para uma cognição real dos fatos?

( ) Sim   ( ) Não   ( ) Não tenho opinião formada

Apêndice B
Questionário para usuários

1. Você utilizou mais de uma vez os Juizados Especiais Cíveis? ( ) Sim ( ) Não ( ) Não tenho opinião formada
2. Você teve acompanhamento através de um advogado particular? ( ) Sim ( ) Não ( ) Não tenho opinião formada
3. Você tem condições de pagar um advogado particular? ( ) Sim ( ) Não ( ) Não tenho opinião formada
4. Foram colocados à disposição advogados para o acompanhamento da audiência de instrução e elaboração do recurso? ( ) Sim ( ) Não ( ) Não tenho opinião formada
5. Você tem o primeiro grau concluído? ( ) Sim ( ) Não ( ) Não tenho opinião formada
6. Você tem o segundo grau concluído? ( ) Sim ( ) Não ( ) Não tenho opinião formada
7. Você realizou acordo na primeira audiência? ( ) Sim ( ) Não ( ) Não tenho opinião formada
8. Você se sentiu constrangido ou pressionado para realizar acordo? ( ) Sim ( ) Não ( ) Não tenho opinião formada
9. Você tem conhecimento de que forma é conduzido o processo? ( ) Sim ( ) Não ( ) Não tenho opinião formada
10. Você utilizaria novamente os Juizados Especiais Cíveis para "buscar seus direitos"? ( ) Sim ( ) Não ( ) Não tenho opinião formada

Apêndice C
Gráficos referentes ao questionário para profissionais de direito

Questão 1 – Você consideraria a expressão "segundo os documentos acostados na inicial e a oitiva de testemunhas, procede a pretensão do autor, como postulada" como fundamento de uma decisão judicial?

Questão 2 – Você consideraria a expressão "tenho por presentes os requisitos legais para a concessão da liminar" fundamentada?

Questão 3 – Deve ser prestigiada uma decisão deficientemente fundamentada, em nome do princípio da efetividade processual?

Questão 4 – Você entende que os Juizados Especiais Cíveis atendem ao princípio da igualdade das partes em juízo?

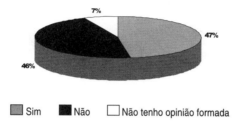

Questão 5 – Você entende que os Juizados Especiais Cíveis atendem ao princípio da publicidade?

Questão 6 – Você entende que os Juizados Especiais Cíveis atendem ao princípio do contraditório e da ampla defesa?

Questão 7 – Você entende que os Juizados Especiais Cíveis fornecem assistência judiciária e jurídica integral?

Questão 8 – No seu entender, os Juizados Especiais Cíveis infringem o princípio do juiz natural?

Questão 9 – Você entende que os Juizados Especiais Cíveis atendem ao princípio do acesso à justiça?

Questão 10 – Você entende que os Juizados Especiais Cíveis atendem ao princípio do devido processo legal?

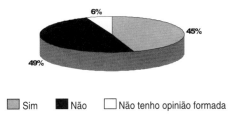

Questão 11 – Você entende que os Juizados Especiais Cíveis põem ao alcance do cidadão uma justiça célere, que garanta a efetividade dos direitos das partes em juízo?

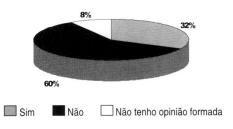

Questão 12 – Você entende que os princípios da igualdade e da ampla defesa são imprescindíveis para a efetivação processual nos Juizados Especiais Cíveis?

Questão 13 – No seu entender, os Juizados Especiais Cíveis funcionam como meio para "desafogar o Judiciário"?

Questão 14 – No seu entender, o duplo grau de jurisdição é uma garantia constitucional?

Questão 15 – Você entende que as conciliações realizadas nos Juizados Especiais Cíveis medeiam e solucionam os conflitos de maneira que cumpram com um efetivo acesso à justiça?

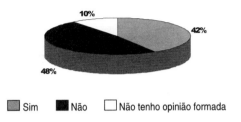

Questão 16 – Você entende que a assistência jurídica fornecida pelas varas dos Juizados Especiais Cíveis, através do atendimento nos balcões por serventuários e/ou estagiários, é apta para traduzir, efetivamente, os direitos das partes em juízo?

Questão 17 – Contrariando os princípios da igualdade e do contraditório, todo processo é nulo?

Questão 18 – Você entende que o Supremo Tribunal Federal poderia aplicar o princípio do devido processo legal como fundamento para anular todo o processo?

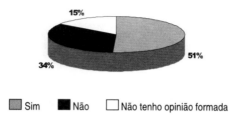

Questão 19 – Você entende que as súmulas e os enunciados dos Juizados Especiais Cíveis adquirem efeito vinculante?

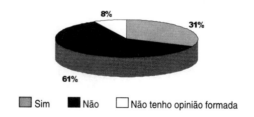

Questão 20 – Você entende que a produção de prova pericial nos Juizados Especiais Cíveis seja imprescindível para uma cognição real dos fatos?

Apêndice D
Gráficos referentes ao questionário para usuários

Questão 1 – Você utilizou mais de uma vez os Juizados Especiais Cíveis?

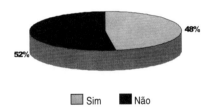

Questão 2 – Você teve acompanhamento através de um advogado particular?

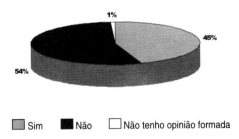

Questão 3 – Você tem condições de pagar um advogado particular?

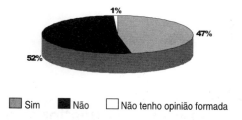

Questão 4 – Foram colocados à disposição advogados para o acompanhamento da audiência de instrução e elaboração do recurso?

Questão 5 – Você tem o primeiro grau concluído?

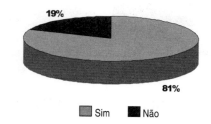

Questão 6 – Você tem o segundo grau concluído?

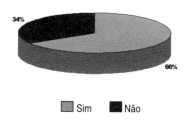

Questão 7 – Você realizou acordo na primeira audiência?

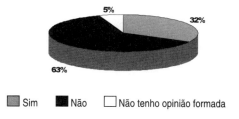

Questão 8 – Você se sentiu constrangido ou pressionado para realizar acordo?

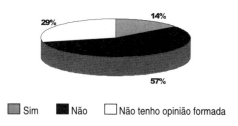

Questão 9 – Você tem conhecimento de que forma é conduzido o processo?

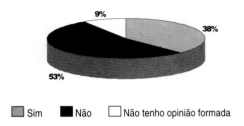

■ Sim ■ Não ☐ Não tenho opinião formada

Questão 10 – Você utilizaria novamente os Juizados Especiais Cíveis para "buscar seus direitos"?

■ Sim ■ Não ☐ Não tenho opinião formada

Impressão:
Evangraf
Rua Waldomiro Schapke, 77 - P. Alegre, RS
Fone: (51) 3336.2466 - Fax: (51) 3336.0422
E-mail: evangraf.adm@terra.com.br